체험과 성찰을 통한

의사소통 워크북

주혜주 • 김수미 • 안진희 | 지음

정 문 각

머 리 글

21세기에 들어서면서 우리가 살고 있는 사회는 예전보다 더욱 빠르게 변화하고 있다. 그러나 가속화되고 있는 문명 발달 속에서 변하지 않는 것 중 하나가 바로 인간관계와 의사소통의 중요성이다. 최근에 기계화와 정보화의 거센 물결 속에서 많은 사람들이 인간관계에서 스트레스를 받으며 소통의 문제로 어려움을 겪고 있음을 보게 된다. 이렇듯 급변하는 사회와 더불어 간호현장도 많은 변화를 겪고 있으며, 간호현장 내에서 인간관계와 소통의 필요성이 더욱 강조되고 있다. 즉 간호 대상자들에게 좋은 간호를 제공하기 위해서는 간호와 관련된 지식과 기술의 습득 못지않게 적절한 인간관계와 소통이 중요하다는 것에 모두가 공감하는 바이다.

오늘날 모든 간호교육 과정 내에 의사소통과 인간관계론이라는 과목이 개설되어 있다. 그러나 의사소통과 인간관계가 이론이나 일방적 강의를 통해서 숙달될 수 없다는 자명한 사실에도 불구하고 이를 해결할 적절한 교재가 부족한 것이 우리 간호교육 현장의 현실이다. 이러한 현실에 대해 공감하는 분들과 뜻을 모아 의사소통과 인간관계를 실제적이면서 체계적으로 훈련할 수 있는 교재를 만들게 되었다.

이 책의 특징은 이미 나와 있는 기존의 의사소통, 인간관계 이론 교재와 달리 실질적으로 의사소통과 인간관계를 실습할 수 있도록 구성하였다는 점이다. 즉 본 교재에 기술되어 있는 지침을 충실히 따르면 가르치는 교수는 물론 배우는 학생도 혼자서 실습할 수 있도록, 이론적 배경과 함께 상세한 지침을 중심으로 내용을 꾸몄다. 따라서 본 교재를 가지고 학습한 경우 자기 이해 및 타인의 이해, 치료적 인간관계와 효과적인 의사소통의 기초를 습득할 수 있으리라 기대한다.

책의 구성을 살펴보면, 제1장에서는 의사소통과 인간관계의 연관성 그리고 워밍업 작업의 기법을 제시하였고, 제2장에서는 자기 탐색지와 자기 신념 기록지를 통한 자기이해, 제3장에서는 에니어그램을 통한 자기와 타인에 대한 이해를 다루었다. 제4장에서는 자신의 의사소통 방식 찾기, 제5장에서는 의사소통을 방해하는 요인 및 관점의 차이, 인지 재구조화 작업에 대해 설명하였다. 제6장에서는 주의해야 할 비효과적인 의사소통 기술, 제7장과 제8장, 제9장에서는 효과적인 소통의 가장 기본이 되는 경청과 공감 및 기타 효과적인 의사소통 기술을 소개하고 이를 훈련할 수 있는 연습들을 제시하였다. 마지막으로 제10장에서는 간호 과정에서 부딪힐 수 있는 갈등상황의 실제 사례를 제시한 후 역할극을 통해 효과적인 대처방법을 모색하도록 하였다.

최근 대학생의 스트레스에 관한 한 연구에서 대학생들이 가장 스트레스를 받는 요인이 '인간관계'라는 결과가 나왔다. 이에 인간관계와 의사소통의 실제 실습서인 이 책을 통하여 먼저 학생들 자신이 인간관계에서 구체적인 도움을 받기를 바란다. 더 나아가 앞으로 간호현장에서 만나게 될 대상자와의 치료적인 인간관계와 효과적인 의사소통의 초석이 되기를 기대한다.

2010년 7월

대표 저자

차 례

제1부 인간관계와 의사소통

제2부 의사소통의 실제

부 록

제 1 부 인간관계와 의사소통

제1장 인간관계와 의사소통의 연관성 (수업 1주차)

1. 인간관계의 분류
2. 치료적 인간관계에서의 요소
   - 활발한 수업을 위한 워밍업

제2장 자기 이해의 방법－신념 탐색 (수업 2주차)

1. 신념 탐색의 의미 및 필요성
2. 신념 탐색 연습

제3장 나와 타인을 이해하는 에니어그램 (수업 3, 4, 5주차)

1. 에니어그램이란?
2. 에니어그램에서 언급하는 용어에 대한 설명
3. 에니어그램의 목적
4. 에니어그램을 공부할 때 주의할 점
5. 에너지(힘)의 중심에 따른 세 가지 분류
6. 9가지 유형별 특징 및 성숙방법
7. 에니어그램과 인간관계

제1장

인간관계와 의사소통의 연관성 (수업 1주차)

▶ **단원의 목적**

인간관계와 의사소통의 연관성에 대해 인식한다.

▶ **성취목표**

- 인간관계의 유형을 파악한다.
- 치료적 인간관계의 정의와 요소에 대해 이해하고 설명한다.

1. 인간관계의 분류

인간은 관계 속에서 태어나 관계 속에서 살아간다. 이렇듯 인간관계는 인간 실존의 본질인 동시에 삶의 질을 좌우하는 가장 중요한 요소이다. 인간관계는 의사소통을 통하여 형성되며 효과적으로 의사소통하기 위해서는 좋은 인간관계가 요구된다. 예를 들면, 서로 믿는 사람끼리는 '팥으로 메주를 쑨다'고 해도 믿지만, 신뢰가 없는 경우에는 '콩으로 메주를 쑨다'고 해도 믿지 못한다.

누군가를 도와주는 입장에 있는 조력자(helper)인 간호사는 치료적 인간관계와 효과적 의사소통에 대해 잘 알아야 대상자들을 보다 잘 도와줄 수 있다.

인간관계는 사회적 관계(social relationship), 친밀한 관계(intimate relationship) 및 치료적 관계(therapeutic relationship)로 나눌 수 있다.

첫째, **사회적 관계**란 일상생활에서 흔히 경험하는 관계로 이웃, 직장동료, 친구와의 관계 등이 여기에 속한다. 사회적 인간관계의 특징은 즐거움, 동료애가 우선이며 서로 동등한 자격으로 참여하고 다른 사람을 도와야 할 책임이 없다. 또한 특별한 지식이나 기술, 목표, 형식이 필요하지 않으며 관계가 시작될 때 목적이나 관계의 지속 여부에 대해 결정하지 않는다. 따라서 의사소통이 피상적인 경우가 많다.

둘째, **친밀한 관계**는 두 사람이 정서적으로 서로에게 속해 있고 서로 지지하며 존경하는 관계로 연인관계, 부부관계 등이 이에 속한다. 친밀한 인간관계의 특징은 일반적으로 장기 및 단기 목표가 있으며 공유하는 정보는 개인적이고 둘만 아는 비밀스러운 것일 때가 많다. 또한 서로의 취향, 성숙도, 인식도 및 상호작용의 평가에 따라서 관계가 지속될 수도 있고 깨질 수도 있다.

셋째, **치료적 관계**는 한 개인이 다른 개인의 성장과 발전을 촉진시키는 인간관계로 대상자와 간호사 관계가 대표적이다. 치료적 관계의 초점은 대상자의 성장이고, 치료자의 성장은 상호관계의 결과로 일어날 뿐 치료적 관계의 목적은 아니다. 처음 만날 때 관계의 초점을 분명히 하고 경계를 한정하는 것이 필요하다. 이러한 치료적 인간관계는 목적이 있어야 하며 과학적이고 사려 깊은 지식을 갖고 동기화되어야 한다. 치료적 인간관계의 목적은 대상자의 힘 기르기(empowering)와 대상자의 성장이다. 성장의 구체적인 내용은 자기인식, 자기수용, 진정한 자기존중, 자신의 정체감에 대한 명확하고 통합적인 지각, 사랑을 주고받을 수 있으며 상호 의존적인 대인관계를 형성할 수 있는 능력, 기능의 향상, 욕구의 만족, 현실적이고 합리적인 목표 달성의 능력 고취 등이다.

2. 치료적 인간관계에서의 요소

치료적 인간관계를 성공적으로 하기 위해서는 치료적 인간관계의 요소-인간에 대한 이해, 자기인식, 타인에 대한 이해, 효과적인 의사소통-에 대한 이해가 필요하다.

첫째, 조력자는 인간에 대해 잘 이해해야 한다.

조력자가 대상자와의 치료적인 인간관계를 형성하기 위해서는 인간과 인간행동에 대한 과학적인 지식이 있어야 한다. 여기에서 유념해야 할 것은 개인적인 경험에 의한 지식이 아닌 과학적인 지식이 필요하다는 점이다. 인간과 인간행동에 대한 설명은 많지만 그중 대표적인 몇 가지만 소개하면 다음과 같다.

인간은 개방적 존재(open system)로서 누구를 만나는가, 어떤 환경에 놓이는가에 따라 자신(self)을 형성, 유지하는 것이 달라진다. 존재(system)의 한 부분의 변화는 모든 부분의 변화를 가져온다. 즉 조력자는 변화의 촉매자로, 대상자의 일부분에 약간의 변화를 가능하게 함으로써 대상자의 전폭적인 변화를 이끌어 낼 수 있다.

인간행동은 목적이 있거나 목표 지향적이다. 목적이 없는 것처럼 보이는 행동도 대상자 내면의 욕구와 목표를 만족시키는 방향으로 행해진다. 이때 치료자와 대상자 사이에 좋은 관계가 형성되면, 대상자의 내면 깊은 곳의 욕구를 알아차릴 수 있다. 이러한 인간의 행동은 과거경험에 기초하며, 과거 경험으로부터 무의식적으로 동기화되고 학습된다.

인간은 하나의 욕구나 목표가 충족될 때 다른 욕구, 흥미, 목표를 추구할 에너지를 갖는다. 메슬로우(Maslow)는 인간의 욕구를 5단계로 나누었고, 가장 기본적인 욕구가 충족될 때 더 고차원적인 욕구를 갈망하게 된다고 지적하였다.

메슬로우의 인간 욕구

- **1단계 욕구** : 생리적 욕구-인간의 가장 기본적인 욕구로 식사, 물, 고통 회피, 작업장에서는 봉급 및 작업환경 등이 포함.
- **2단계 욕구** : 안전의 욕구-생리적 욕구가 충족되었을 때 나타나며 안전, 위험, 사고로부터의 보호 등이 포함.
- **3단계 욕구** : 애정과 소속의 욕구-하위 두 가지 욕구가 충족되었을 때 발생하며 동료 간의 친화감, 대인 간의 만족 등이 포함.
- **4단계 욕구** : 자기존중의 욕구-하위 세 가지 욕구가 충족되었을 때 발생하며 타인으로부터 존중 받고자 하는 욕구가 대표적임.
- **5단계 욕구** : 자기실현의 욕구-하위 네 가지 욕구가 충족되었을 때 발생하며, 작업장에서 개인의 능력, 기술로 인한 작업성과 향상 등에 따르는 안정 등이 포함.

한편 인간은 자신이 취한 행동이 성공적이지 못하면 긴장이 증가하고 자존감을 가지지 못한다. 외로움은 사람에게 있어 아주 기본적이고도 보편적인 느낌으로, 특히 정서적으로 어려움이 있는 사람은 외로움을 더 강하게 느낀다는 점을 이해하는 것이 중요하다. 마지막으로 대상자의 건강을 증진, 유지시키는 주요 조력자인 간호사는 인간에게는 천성적으로 건강을 향한 욕구와 성장하고자 하는 욕구가 있음을 알아야 한다.

둘째, 조력자는 자기 자신에 대해 잘 인식해야 한다.

일반적으로 사람들은 자신이 객관적으로, 있는 그대로의 세상을 보고 있다고 생각한다. 그러나 대부분의 사람들은 자신의 시각, 자신의 준거 틀을 통해서 세상을 본다. 즉 자신의 경험을 토대로 형성된 지각이나 인식은 감정, 신념, 행동에 큰 영향을 미친다.

조력자는 말과 행동은 물론, 자신의 언행이 다른 사람에게 미치는 영향에 대해 높은 통찰력을 가져야 한다. 왜냐하면 치료적 인간관계에서 치료적 도구는 조력자 자신이며, 조력자 자신에 대한 통찰과 지식은 치료적 인간관계에서 요구되는 모든 능력의 기초가 되기 때문이다.

조력자는 '나는 누구인가?'라는 질문에 답할 수 있어야 하며, 더 나아가 자신을 지휘할 수 있어야 한다. 이러한 과제는 자기인식을 통해 성취할 수 있다. 자기인식을 기반으로 자신과 원활하게 소통할 때 타인과의 진정한 소통이 가능하다. 즉 효과적으로 의사소통하기 위해서는 올바른 자기인식이 필수다.

자기인식을 **인지적**으로 발달시키기 위해서는, 가장 먼저 자신에게 귀를 기울여야 한다. 이는 자신의 참된 감정과 인간적 욕구를 확인하고 받아들이는 것을 의미한다. 또한 남이 자신에 대해 하는 말에 귀를 기울이되 능동적으로 경청하고 적극적으로 수용한다. 동시에 자신만 아는 자아는 자기노출을 통해 넓힌다. 이러한 과정을 통해 열린 자아를 확장시킬 수 있다. 열린 자아영역이 넓어질수록 편안한 인간관계와 효과적인 의사소통이 가능하다.

조력자는 자신의 **정서적** 측면, 즉 감정을 잘 탐색할 수 있어야 한다. 조력자는 자신이 미처 인식하지 못하는 사이에 일하는 환경으로부터 정서적 자극을 받을 수 있는데, 이러한 자극은 치료적 관계형성에 방해가 될 수 있다. 조력자는 자신의 감정을 인식하고 받아들임으로써 사람과 사물에 대해 오해하지 않고 적절한 결정을 할 수 있다. 더 나아가 조력자가 자신의 감정을 잘 수용할 수 있을 때, 대상자로 하여금 감정을 잘 표현할 수 있도록 이끌어 줄 수 있다.

영성(spirituality)은 생의 중요성, 방향, 목적 등에 대한 질문에 대답할 수 있는 자신(self)의 한 부분이다. 조력자는 자신의 가치관 즉 신념, 태도, 견해를 잘 인식하고 더 나아가 그것들이 자신의 행동과 인지과정에 미치는 영향에 대해서도 알아야 한다.

마지막으로 조력자는 **신체적 측면**에 관심을 기울여야 한다. 즉 조력자는 자신의 내적, 외적 메시지에 민감하게 대응하여 자신의 신체적 안녕을 잘 유지해야 한다. 적절한 휴식, 여가선용, 균형 있는 식사 등은 에너지를 보충시켜 주며 좋은 인간관계 형성에 도움을 준다.

셋째, 조력자는 타인에 대해서도 잘 인식해야 치료적 인간관계를 잘할 수 있다.

타인에 대한 이해는 자기에 대한 이해와 수용을 바탕으로 한다. 간호사는 간호 대상자－아동, 청소년, 노인, 각종 질환자 및 그 가족－의 특성에 대해 잘 알아야 치료적 인간관계를 잘 할 수 있으며, 대상자에게 필요한 적절한 간호를 제공할 수 있다.

넷째, 조력자는 효과적인 의사소통을 할 수 있고 그에 따라 반응할 수 있어야 한다.

두 사람 사이에 이루어지는 인간관계는 반드시 의사소통을 통해 이루어진다. 따라서 치료적 인간관계를 위해서는 효과적으로 의사소통하는 능력이 필요하다.

앞에서 살펴 본 바와 같이 인간관계와 의사소통은 밀접하여 서로에게 영향을 주고받는다. 그러므로 간호사는 대상자와의 치료적 인간관계 형성을 위해 필요한 요소들을 잘 이해하고 갖추도록 노력해야 한다.

활발한 수업을 위한 워밍업

앞으로 전개될 수업은 자신의 경험과 생각을 나누는 작업과 그룹원들 간의 활발한 토의로 이루어진다. 그룹토의는 그룹의 친밀성에 따라 깊게 혹은 가볍게 이루어질 수 있다. 남을 판단하지 않는 수용적이고 신뢰할 수 있는 분위기 속에서 서로의 생각을 나눔으로써 자신에 대한 이해뿐만 아니라 친구들에 대해서도 깊은 이해를 할 수 있는 시간이 될 수 있다. 나와 다른 사람들의 생각을 서로 나누는 과정에서 보다 성숙한 의사소통을 경험할 수 있기를 바란다.

그러므로 수업에 임하는 학생들이 자신을 편안하게 노출시키고 서로의 생각을 잘 나누도록 하기 위해 간단한 자기소개와 서로를 익힐 수 있는 게임을 한다. 아래의 여러 가지 워밍업 방법 중 한두 가지를 선택해서 사용할 수 있다.

※ 한 그룹당 6~10명이 되도록 한 후 그룹원들이 의견을 모아 그룹 이름과 규칙을 정하되 규칙은 구체적으로 정한다. 앞으로의 활발한 토의와 그룹 결속력을 다지기 위함이다.

1) 나에 대해 요약하기

자신을 다섯 글자 이내로 표현하고(나는 ○○○○○이다.) 이유를 설명한다.

예) 나는 '땅 위의 천사'이다. : 나는 날개를 다쳐서 날지 못해요. 나는 꿈도, 의욕도 많은데 현실에서는 여러 가지 장애물이 많아서 날개를 다친 셈이에요. 그래서 지금 열심히 날개를 고쳐서 날아오를 준비를 하고 있어요.

2) 나는 동전의 양면 : Also Game

이 게임은 자신 안에 있는 그림자(평소에 보이기 싫어하는 면)를 가볍고 재미있게 노출시키는 게임이다.

① 노트에 먼저 자신의 성격이나 행동 중에 사람들 앞에서 하는 행동과 다른 면이 있는 부분을 생각해 보고 적는다.

예)
- 나는 늘 친구들 모임에서 돈을 먼저 내는 사람이야. / 하지만 또한 난 친구가 몇 번이나 나에게 밥을 얻어먹었는지 계산하는 사람이지.
- 나는 친구들에게 늘 전화를 반갑게 받아. / 하지만 전화 받는 게 무지 귀찮고 지겨워.

• 나는 늘 하나님 얘기를 하고 있지만 / 난 늘 하나님이 계시는지에 대해 의심하는 사람이야.

② 자신에게 있는 양면적인 성품을 세 가지 정도 적은 후 일어서서 친구들과 악수를 나누고 자신의 이름을 말한 다음 이런 성품 하나씩을 서로 나눈다.

3) 나는 어떤 동물?

자신의 특징과 닮은 동물을 소개하고 그 이유를 설명한다.

예) 나는 햄스터입니다. 몸집이 아담하고, 남들이 귀엽다고 하고, 따스하며, 사람들과 섞여 있기를 좋아해요.

4) 나만이 가진 특징

① 그룹원들이 둘러앉아 각각 자신의 쪽지에 자기만이 가진 특징을 세 개씩 쓴다. 남들이 갖지 않은, 자기만 갖고 있다고 생각하는 특징을 나열한다.

② 한 사람씩 돌아가면서 자기만의 특징을 한 가지씩 발표하는데, 이때 발표한 사람의 특징과 비슷한 특징을 가진 사람이 있다면 손을 들고 간단히 자기 얘기를 한다. 발표자의 특징을 공유한 사람의 수를 그 항목의 점수로 기록한다. 만약 두 사람이 공통적으로 갖고 있는 특징이라면 그 항목 옆에 2점을 주자. 이렇게 세 가지 특징을 하나씩 모두 발표한다.

③ 최종적으로 항목 옆의 점수를 모두 더한다. 총계가 가장 낮은 사람은 공통적인 특징이 적은 사람이므로 그 그룹의 '독특한 사람'이 된다. 그 사람에게 그룹원들이 "그대는 참 독특합니다"라고 인사한다. 반대로, 총계가 가장 높은 사람에게는 "그대는 참 친근합니다"라고 인사한다. 나머지 사람끼리는 "그대는 참 소중합니다"라고 인사한다.

5) 첫인상 나누기

그룹원 중 한 사람을 지목하여 그 사람부터 첫인상 나누기를 시작한다. 그 사람의 양쪽 옆에 있는 사람 두 명이 중앙의 사람에게 첫인상에 대해 이야기한다. 이때 부정적인 말보다는 긍정적인 말을 한다. 첫인상의 이야기가 너무 광범위하다면 다음과 같은 내용을 중심으로 말할 수 있다.

예) • 당신은 (유명 연예인)을 닮았습니다. 그 이유는 ~

• 당신을 처음 보았을 때, (꽃이나 동물)이 떠올랐습니다. 그 이유는 ~

- 당신은 (신체 부위나 패션)이 참 아름답습니다. 그 이유는 ~

6) 내가 좋아하는 단어, 싫어하는 단어

그룹원들이 돌아가면서 자신이 좋아하는 단어, 싫어하는 단어를 한 가지씩 말하고 그 이유나 사연을 이야기한다. 단어를 선정할 때는 심사숙고하지 않고 가볍게 떠오르는 것을 말하도록 한다. 진지하게 말할 수도 있지만, 솔직하고 유머러스하게 가벼운 설명을 하는 것도 좋다.

예) 저는 '희망'이라는 단어를 좋아합니다. 어떤 상황에서도 포기하지 않도록 하지요. 반면 '관행'이라는 말은 싫습니다. 왜냐하면 사람들은 관행을 핑계로 옳지 않은 일을 예사롭게 하기 때문입니다.

다음 수업을 위한 과제

제2장에서 배울 〈신념 탐색을 위한 질문〉 항목 작성해 오기
(교수는 신념 탐색의 예를 하나 시범적으로 작성하여 보여줌으로써 학생들이 효과적으로 신념 탐색 작업을 하도록 돕는다.)

제2장 자기 이해의 방법 - 신념 탐색 (수업 2주차)

▶ **단원의 목적**

신념이 의사소통에 미치는 영향에 대해 이해하고 자신의 신념이 관계 형성에 미치는 영향을 찾아본다.

▶ **성취목표**

- 자신이 갖고 있는 신념을 찾아본다.
- 그 신념들이 주입 또는 의도에 의해 형성된 것인지 찾아본다.
- 자신의 신념을 통해 자기 이해의 폭을 넓힌다.
- 자신의 신념이 자신의 관계 형성에 미치는 영향을 파악한다.

1. 신념 탐색의 의미 및 필요성

사람들은 자신이 가진 관점을 통해 자신의 상황들을 해석하고 경험하게 된다. 즉, 같은 상황을 겪고 있는 두 사람이라도 그 상황에 대해 해석하는 것은 서로 다를 수 있다. 예를 들어 물이 반쯤 담긴 컵이 앞에 있다고 하자. 누군가는 '물이 반이나 남았다'라고 해석할 수 있고, 누군가는 '반 밖에 남지 않았다'라고 해석할 수 있다. 이런 상황에서 누가 사실을 좀 더 객관적으로 받아들였다고 할 수 있을까?

사실은 물이 반 컵 남은 것이지만 관점에 따라서 부족하다거나 충분하다고 생각할 수 있는 것이다.

이와 같이 우리는 누구나 자신의 생각과 믿음에 의해 사실을 경험하게 되며, 더 나아가 사실을 어떻게 해석하고 받아들이느냐에 따라 다양한 감정의 변화를 경험하게 된다.

관점의 차이에 대한 이런 이야기가 있다.

두 철학자가 도서관에 들어가 같은 칸의 책꽂이를 보고 나갔다. 한 철학자가 말했다. “그곳에는 전부 수학책들뿐이더군요.” 그러자 다른 철학자가 어이없다는 표정을 지었다. “당신 제정신이오? 그쪽에는 모두 성서학 책이 꽂혀 있었습니다.” 두 학자는 자신이 보고 온 것이 진짜 사실이라고 서로 우기며 하루 종일 싸웠다. 그런데 나중에 알고 보니, 두 사람은 무려 30센티미터나 키 차이가 나는 사람들이었다.

두 사람은 같은 서재에 들어갔으나 결국 키 차이로 인하여 서로 다른 것을 보고 왔던 것이다. 결국 두 사람이 경험한 것은 모두 사실이었다.

사람들이 갖고 있는 자신만의 생각이 자신의 관점, 바로 위 이야기의 키 높이에 해당하는 것이라고 할 수 있다. 이런 관점들이 모여서 자신만의 독특한 신념, 즉 믿음을 만들어 낸다. 또한 우리가 가진 믿음을 통해 세상과 사람들과의 관계를 형성하게 된다.

‘모두가 날 무시한다’라는 믿음을 갖고 있는 사람은 아마도 그 사람에게 친절하게 접근하고 있는 사람에게조차 호의적인 느낌을 갖지 못한 채 적대적이거나 거리감을 느낄 것이다. 왜냐하면 ‘무시한다’는 그 사람의 신념 체계는 상대방의 행동 중 자신에게 무례하게 구는 부분에 대해서만 민감하기 때문이다.

이런 상황을 생각해 보자. 당신 앞에 어떤 사람이 앉아 있다면 ‘저 사람은 뭔가에 화가 난 게 틀림없어’라는 생각을 먼저 떠올린 후 그 사람의 표정과 행동을 살펴보라. 그는 반드시 뭔가에 화가 난 사람처럼 느껴질 것이다. 다시 생각을 바꾸어 ‘저 사람은 친절해’라고 생각을 떠올린 후 그 사람을 관찰해 보라. 갑자기 그 사람이 친절하게 행동하고 있는 모습을 보게 될 것이다. 이렇듯 우리는 자신이 보고 싶은 것만을 보고 있다.

따라서 관계 또는 상황에 대해서 자신이 어떤 관점을 취하고 어떤 신념을 갖고 있느냐를 알아차리는 것은 타인과의 관계를 이해하고 향상시키기 위한 첫걸음이라고 할 수 있다.

이 장의 신념 탐색 연습은 현재 인간관계에 영향을 미치고 있는 자신의 관점과 생각들을 찾아봄으로써 자신과 타인과의 관계를 이해하는 데 도움을 받는 연습이다.

2. 신념 탐색 연습

1) 방법

① 하나하나의 질문에 대해 저절로 떠오르는 생각(자연스럽게 떠오르는 생각들, 평소에 늘 하는 생각들)을 적어 본다.

이때 '자신이 원하는 상태' 또는 '~해야 한다'라는 상태에 대한 생각이 아니라 현재 내가 가진 생각을 있는 그대로 적어 보는 것이 중요하다.

예) 나는 ______________________________ 하다.

여기서 저절로 떠오른 생각이 '착하다'라면, 내가 자신에 대해 갖고 있는 신념은 '나는 착하다'이다. 그러나 만약 떠오르는 생각이 '나는 착해야 한다', '나는 부지런해야 한다' 혹은 '나는 공부를 열심히 해야 한다'라면 다시 생각해 보도록 한다.

'공부를 열심히 한다'와 '공부를 열심히 해야 한다'는 분명히 다르다. 즉 '무언가를 해야 한다'라는 문장은 현재 자신에 대해 갖고 있는 믿음이 아니라 '그렇게 되어야 한다'는 미래지향적이거나 오히려 '나는 공부를 열심히 하고 있지 않다'라는 생각을 바탕에 깔고 있는 것이다.

자신의 신념을 적을 때는 '~해야 한다'라는 신념은 제외하고 오히려 그 문장을 통해 실제로 나는 어떤 사람인지를 느껴 보고 적도록 한다.

② 신념 하나하나를 잘 느껴 보고 이 신념을 갖고 있는 것이 내 인생에서 도움이 되었는지 또는 방해가 되었는지를 적어 본다.

즉 '나는 착하다'라는 생각을 갖고 살아온 지난 시간을 돌아보고 이 생각이 내 생활에 도움이 되었는지, 구속이나 방해가 되었는지를 생각해 본다.

③ 이 신념들이 사회나 어른들(특히 부모님) 또는 종교 등에 의해 주입된 것인지 아니면 자신의 의지에 따라 스스로 만들어 낸 것인지를 적어 본다.

우리는 어려서부터 스스로 뭔가를 결정하기에 앞서 외부로부터 너무 많은 생각들을 주입 받는다. 동화책, 어른들의 말씀, 종교, 매스컴 등을 통해 주입 받은 내용인지 아니면 내 스스로 결정하여 갖고 있는 신념인지를 찾아본다.

예) 나는 <u>착</u> 하다.

(1) 나는 착한 사람이다 : 자신에 대해 갖고 있는 신념

(2) 방해 – 이 생각대로 행동하다 보니 여태까지 내 뜻대로 해본 것이 없다.

(3) 주입−어려서 동화책을 읽거나 어른들 얘기를 들으며 늘 착해야 한다는 말을 듣고 살았다. 나도 모르게 이 신념을 품게 된 것 같다.

신념 탐색을 위한 질문

다음 문장 뒤에 떠오르는 생각을 그대로 적은 다음 도움/방해, 주입/의도를 표시한다.

1. 나는 ______________________________ (도움/방해, 주입/의도)
2. 나는 ______________________________ (도움/방해, 주입/의도)
3. 나는 ______________________________ (도움/방해, 주입/의도)
4. 나는 ______________________________ (도움/방해, 주입/의도)

1. 우리 엄마는 ________________________ (도움/방해, 주입/의도)
2. 우리 엄마는 ________________________ (도움/방해, 주입/의도)
3. 우리 엄마는 ________________________ (도움/방해, 주입/의도)

1. 우리 아빠는 ________________________ (도움/방해, 주입/의도)
2. 우리 아빠는 ________________________ (도움/방해, 주입/의도)
3. 우리 아빠는 ________________________ (도움/방해, 주입/의도)

1. 우리 가족은 ________________________ (도움/방해, 주입/의도)
2. 우리 가족은 ________________________ (도움/방해, 주입/의도)
3. 우리 가족은 ________________________ (도움/방해, 주입/의도)

1. 나의 능력은 ________________________ (도움/방해, 주입/의도)
2. 나의 능력은 ________________________ (도움/방해, 주입/의도)
3. 나의 능력은 ________________________ (도움/방해, 주입/의도)

1. 나의 미래는 ________________________ (도움/방해, 주입/의도)
2. 나의 미래는 ________________________ (도움/방해, 주입/의도)
3. 나의 미래는 ________________________ (도움/방해, 주입/의도)

1. 나의 대인관계는(가족, 친구 등) ____________ (도움/방해, 주입/의도)
2. 나의 대인관계는 ________________________ (도움/방해, 주입/의도)
3. 나의 대인관계는 ________________________ (도움/방해, 주입/의도)

1. 나의 건강은 __________________________ (도움/방해, 주입/의도)
2. 나의 건강은 __________________________ (도움/방해, 주입/의도)
3. 나의 건강은 __________________________ (도움/방해, 주입/의도)

그룹토의

위의 연습이 끝난 후 그룹토의에서 각각의 주제에 대해 자신의 신념을 발표하고 이 생각이 내 인생에 도움이 되었는지 방해가 되었는지를 이야기한다.

이 과정에서 자신이 이런 생각을 갖게 된 경험들이 나오면서 좀 더 객관적으로 자신을 성찰할 수 있는 기회가 주어지며, 또한 주입된 사고인지 아니면 내 의지대로 만든 것인지에 대한 얘기를 나눔으로써 자신도 모르게 주입되었던 많은 사고들을 새롭게 점검할 수 있는 기회가 될 것이다.

- **그룹토의 후 느낀 점 적어 보기**

제3장 나와 타인을 이해하는 에니어그램 (수업 3, 4, 5주차)

▸ **단원의 목적**

에니어그램을 통해 자신과 타인의 성격을 이해하여 대인관계에서의 갈등 해결방법을 찾는다.

▸ **성취목표**

- 에니어그램에 따른 자기 성격유형의 특징과 성숙방법을 안다.
- 갈등관계에 있는 타인의 성격유형을 이해하고 수용한다.
- 갈등관계에 있는 타인과의 관계개선을 모색한다.

1. 에니어그램이란?

에니어그램이란 희랍어의 '아홉'이라는 뜻의 에니어(ennea)와 '그림'이라는 뜻의 그라모스(grammos)가 합해진 복합어로, '아홉 개의 점이 있는 그림'이라는 뜻이다.

에니어그램은 인간의 성격유형을 9가지로 분류하여 이해하는 방법으로서, 다양한 분야에서 인간 성숙의 방법으로 활용되고 있다.

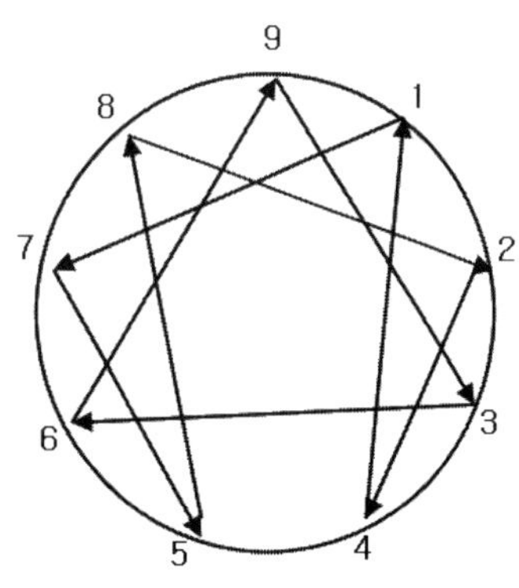

에니어그램의 기원에 대해서는 여러 설이 있지만 증거가 불확실하다. 고대 근동지방(지금의 아프가니스탄)에서 약 2500년 전에 기원, 그 후 10세기에 걸쳐 이슬람교의 신비주의 종파인 수피파에 의해 영적 지도자들 사이에서 비밀스럽게 구전되어 온 것이라는 이야기도 있으나 정확하진 않다.

에니어그램을 서구세계에 알린 사람은 조지 이바노비치 구르지예프(George Ivanovich Gurdjieff)임은 의심의 여지가 없다. 신비주의에 관심이 컸던 구르지예프는 동료들과 함께 진리를 추구하는 연구모임을 만들어, 동서양을 막론하고 세계 각지에서 진리들을 찾아내 끊임없는 토론과 체계적인 통합을 통해 에니어그램을 이론적으로 발전시켰다.

현대의 에니어그램은 단지 하나의 근원에서 온 것이 아니라 많은 고대의 지혜와 현대 심리학이 결합된 결정체이다. 여기에는 오스카 이카조(Oscar Ichazo)와 클라우디오 나란조(Claudio Naranzo)의 공이 컸다. 오스카 이카조는 에니어그램을 아프가니스탄의 지도자로부터 전수 받아 교육훈련법을 체계화하였다. 그로부터 사사한 정신과의사 클라우디오 나란조는 에니어그램과 자신이 공부한 다른 심리체계를 결합하여 나란조 모델을 개발, 에니어그램을 미국 전역에 대중적으로 전파하였다.

또한 예수회 신학생이었던 돈 리차드 리소(Don Richard Riso)는 각 유형의 발달수준과 심리적 동기를 밝혀내는 데 큰 공헌을 하였고 이 외에도 미국의 대학들과 수도회 등에서 에니어그램의 발전에 기여하였다. 현재 주부, 기업, 비즈니스맨, 종교인 등 다양한 분야의 사람들이 에니어그램을 업무수행의 지침으로 삼고 있다.

2. 에니어그램에서 언급하는 용어에 대한 설명

이 장에서 에니어그램을 공부할 때 반복적으로 언급되는 용어에 대한 이해가 필요하다.

- **기본적인 두려움 :** 어린 시절, 어느 부분의 필요가 결핍되거나 충족되지 못하여 느끼는 무의식적인 불안.
- **기본적인 욕망 :** 기본적인 두려움에 대한 보상으로, 삶을 유지하기 위하여 기본적인 두려움에 대해 방어기제로 생겨난 것.
- **회피행동 :** 각 유형이 직면하기를 두려워하여 피하고자 하는 것.
- **긍정적인 특성 :** 각 유형이 건강하고 안정된 상태에 있을 때 보이는 장점.

- **부정적인 특성 :** 각 유형이 스트레스 받고 건강하지 않은 상태에서 보이는 단점과 집착에 의해 빠지기 쉬운 함정.
- **날개 :** 에니어그램상 자신의 유형 양쪽에 있는 유형들로서, 그 유형들의 특징과 섞이거나 영향을 받을 수 있다.
- **화살 :** 에니어그램의 각 점은 두 개의 다른 점들과 연결되는데, 이렇게 연결된 유형들을 화살이라고 한다. 당신의 유형이 안정되고 성숙했을 때 성숙점 유형의 좋은 모습을 보이는 반면, 스트레스 받고 건강하지 않을 때 연결된 스트레스점의 부정적인 모습이 보이기도 한다. 이는 당신의 내면에 화살유형들이 모두 존재하기 때문이다. 화살은 에니어그램이 정체되지 않고 역동적임을 보여준다.
- **그림자 :** 선으로 연결되지 않은 유형으로서 무의식에 잠재된 부분이다. 그림자 유형에 대한 잠재력을 인식하여 그 장점을 취하도록 활성화시키는 작업이 필요하다.

3. 에니어그램의 목적

에니어그램은 단지 인간을 9가지 유형으로 분류하여 꼬리표를 붙이고 단정하기 위한 것이 아니다. 또한 겉으로 드러난 모습을 통해 인간의 성격을 9가지로 정확히 분류한다는 것은 불가능하다. 우리는 기본적으로 타고난 성격유형을 갖고 있다. 그러나 살아가면서 환경과 경험에 의해 다른 성격의 특성들을 학습하여 자신의 것으로 만들거나, 기본적으로 가진 성격을 강화하거나 억제하면서 살아간다. 그래서 9가지의 모든 유형에 걸친 성격 특징들을 갖고 있음에도 불구하고 특정 성격의 모습을 숨길 수 있다. 그러나 같은 행동이라도 그 내면의 동기 －특히 스트레스 상황에서－를 살펴보면, 자신의 성격유형이 어디에 가까운지를 알 수 있다.

에니어그램 성격유형을 공부하면서 사람에 대해 알 수 있는 것은 그 사람이 세상을 보는 눈, 스트레스에 대한 반응, 삶의 주된 동기, 가치관, 다른 사람들과의 관계양상과 같은 중요한 부분들이다. 이런 부분들을 이해하면서 우리는 자신과 타인을 받아들이는 훈련을 하는 것이다.

에니어그램을 공부하는 목적은 우선, 자신에 대한 이해와 성숙을 위해서이다. 자신이 가진 기본적인 두려움, 욕망, 가치관, 장점과 단점, 행동의 동기 등 자신을 구성하고 있는 순수 의식에 대한 탐구를 통해 스스로를 이해함으로써 자신을 가두고 있는 성격의 틀을 벗어나 신성에 가까운 참모습으로 성숙하고자 하는 과정이므로, 에니어그램은 '나의 참모습을 향한 여행'이라고 할 수 있다. 쉽게 말하면, 솔직한 자기 탐구를 통해 자기 유형의 장점은 유지하고 단점을 버리면서 더욱 성숙할 수 있도록 하는 것이다. 에니어그램은 날개, 화살, 그림자 유형을 모두 내 것으로 활용함으로써 결국 인간의 본성에 갖고 있는 9가지 유형의 좋은 점을 모두 배워 사용하도록 개발하고 성장하는 것을 추구한다.

또한 에니어그램을 통해 타인에 대한 이해를 높이는 것은 인간관계에 도움이 된다. 다른 사람, 특히 갈등관계에 있는 사람의 성격을 파악하여 그들과 내가 서로 다름을 인정하고 그 삶의 방식을 이해하는 것만으로도 감정적인 갈등이 해소될 수 있다. 더불어 그와 나의 성격에 맞는 타협점을 찾아 대처함으로써 보다 개선된 인간관계를 유지할 수 있다.

4. 에니어그램을 공부할 때 주의할 점

① 자기의 유형은 자신이 찾는다. 자기 내면의 소리에 귀 기울이면서 정직하게 성찰하고, 자신의 부정적인 모습, 스트레스 상황에서의 대처방법, 행동에 지대한 영향을 미치는 집착, 내면의 동기, 집착과 회피에 중점을 두어 자기 유형을 스스로 탐색해야 한다. 이 작업은 한시적으로 끝나는 것이 아니라 우리가 살아가면서 지속적으로 계속되어야 한다.
② 현재의 모습보다는 어린 시절 모습을 기준으로 자신의 유형을 찾는다.
③ 자신의 유형을 내세워 자기 행동을 정당화하거나 성격을 고정시키지 않도록 한다.
④ 더 나은 자기 이미지를 위한 목적으로 에니어그램을 이용하지 않는다.
⑤ 타인을 번호로 단정하고 판단하지 않는다.
⑥ 모든 유형이 장단점을 갖고 있으며, 어떤 유형이 우월하거나 열등한 것은 없다. 에니어그램의 목적은 모든 유형의 장점을 배워서 더욱 성숙해지는 것임을 잊지 말자.
⑦ 성격은 고정된 것이 아니라 지속적으로 변화하고 역동적인 것으로 이해한다.
⑧ 다른 유형의 삶의 방식을 이해하고 아름다운 점을 배우도록 한다.

5. 에너지(힘)의 중심에 따른 세 가지 분류

에너지(힘)의 중심이란 인간이 무의식적으로 취하는 에너지의 근원으로서, 에니어그램에서는 머리(사고), 심장(감성), 장(본능)의 세 곳으로 분류한다. 원래 인간의 본질은 이 세 가지 에너지의 근원을 골고루 사용하지만, 이 본질은 어린 시절 성장과정의 영향을 받아 힘의 균형이 깨어지게 되면서 세 가지 중 어느 한 가지 힘에 집착함으로써 나머지 힘들을 제대로 사용하지 못해 점차 에너지의 조화와 균형을 잃게 된다.

에니어그램을 공부하면서 '중심'을 먼저 발견하는 것은 자신의 유형을 발견함에 있어 매우 중요하다. 그간 우리는 무의식적으로 한 가지 힘을 중점으로 사용해 왔는데, 그것이 최선이라고 생각하여 한 가지 힘만 고집하는 데서 개인 및 인간관계의 문제가 발생한다. 우리는 자신이 집중적으로 사용한 에너지의 중심을 깨닫고, 사용하지 않은 나머지 중심들을 인식하여 골고루 균형있게 사용하도록 노력해야 한다.

힘의 중심에 따른 세 가지 분류를 서로 비교하면 다음과 같다.

구 분	머리 / 사고 중심	심장 / 가슴 중심	장 / 본능 중심
무게중심	대뇌, 신경계	심장, 순환계	하복부, 소화계
외 모	왜소하고 긴 몸, 냉철하고 차가운 이미지	둥글고, 따뜻한 느낌	묵직하고 힘이 있음
주된 감정	안전과 관련한 두려움, 공포	인간관계에 대한 불안	뜻대로 되지 않음에 대한 분노
주관심사	객관적, 논리적 이치	인간, 인간관계	자신, 힘과 정의, 현재
대처양상	멀리서 관찰하면서 상황을 우선 분석함	인간관계에 의해 감정적 반응을 함	직관적인 행동이 앞서 상황을 통제하려 함
성 격	내향적 : 생각은 많으나 행동은 별로 하지 않음	외향적 : 활동은 많으나 내적 성찰이 어려움	내향성과 외향성이 같은 비중임
성숙방법	타인에게 자신을 내어 보이기	혼자 있는 시간 갖기	분노를 인식하고, 나보다 남에게 귀 기울이기
관련 유형	5, 6, 7 유형	2, 3, 4 유형	8, 9, 1 유형

그룹토의

1. 아래 상황 질문에 대해 나는 어떻게 반응할지에 대해 토의하자.

질문 1. 함께 과제를 해야 하는 친구와 의견이 달라서 내 뜻대로 일이 되지 않아 갈등하고 있다. 이때 나는 어떤 느낌이 들고, 어떤 행동을 하게 될까?

질문 2. 나의 친한 친구가 선배로부터 야단을 맞고 있다. 이 친구의 옆에 있는 나는 어떻게 할까? 그리고 그렇게 대처한 이유는 무엇인가?

질문 3. 기대하지 않았던 이백만 원의 장학금을 받게 되었다. 가족들은 아직 모르는 상태이다. 이때 나의 느낌은 어떠하고, 이후 나는 어떻게 행동할 것인가?

질문 4. 길을 가는데, 저 멀리서 사람들이 웅성거리며 모여 있고, 그 가운데 어떤 사람이 쓰러져 있다. 이 상황에서 나는 어떤 생각과 감정이 들고, 어떻게 행동하겠는가?

2. 그룹토의 후 모아진 다양한 의견들을 힘의 중심별로 분류해 보자.

다음 수업을 위한 과제

- 에니어그램 유형별 체크 리스트 작성하기(부록 참고)
- 다음 시간의 그룹토의 내용에 대해 자세히 성찰해 오기

6. 9가지 유형별 특징 및 성숙방법

에니어그램에서 분류하는 인간의 9가지 성격유형에 대해 간단히 알아보자. 자신의 유형을 짐작할 수 있는 유형별 질문도구는 부록에 제시되어 있다.

유형	특 성	기본적인 두려움	기본적인 욕망	회피행동
1	완벽주의자, 개혁가, 심판자	나쁘고, 결점 있고, 부도덕한 것	완전하려 함	분노
2	조력자	사랑 받을 가치가 없는 것	사랑 받는 것	자신의 욕구
3	성취자	가치가 없는 것 타고난 재능이 없는 것	가치 있게 여겨짐	실패
4	낭만적인 사람, 개인주의자	정체성이 없는 것 개인적인 중요성이 없는 것	자기 자신이 됨	평범함
5	관찰자, 탐구자	무기력하고 쓸모없고 무능한 사람으로 여겨지는 것	유능해지고자 함	공허함
6	의심 많은 사람, 충실한 사람	지원과 안내를 받지 못하는 것, 혼자 생존할 수 없는 것	안전하고자 함	일탈 혹은 이상행동
7	모험가, 열정적인 사람	고통 받는 것	행복하려는 것	고통
8	주장이 강한 사람, 도전하는 사람, 지도자형	다른 사람에게 해를 입거나 통제나 침해를 당하는 것	자신을 보호하는 것	허약성
9	평화주의자, 중재자	잃어버리는 것 분리, 소멸되는 것	평화를 유지하는 것	갈등

에니어그램의 각 유형에 따른 구체적인 특성은 다음과 같다.

다음의 유형별 특성과 성숙방법은 각 유형에 대한 대표적인 내용들을 간략하게 제시한 것이다. 보다 자세하고 구체적인 내용들은 많은 참고자료와 지속적인 자아 성찰을 통해 더 탐구되어야 할 것이다.

1유형 : 개혁가	"나에게도 단점이 있을 것이다. 그러나 그 중에 옳지 않은 것은 하나도 없다." — 지미 호파

〉〉〉 자신과 자신을 둘러싼 세상을 더 낫게 하고, 올바른 삶을 위해 실질적인 행동을 하는 사람.

긍정적인 특성

- 원칙적이고 도덕적인 것에 철저하며 완벽하려는 경향이 있다.
- 이상주의적이며 자신을 스스로 잘 통제하여 목표를 성취한다.
- 정의감이 강하고 책임감이 있으며 올바른 일처리로 타인에게 신뢰를 준다.
- 통찰력 있는 사고와 이해를 통해 현실적이고 현명한 선택을 하는 지혜를 갖고 있다.
- 보다 나은 세상을 위해 열심히 일하려고 하며, 스스로도 착한 사람, 좋은 사람이 되고자 한다.

부정적인 특성

- 근원적인 문제 : 분노를 억압하여 내면의 긴장감이 크다.
- 완벽에 대한 집착으로 인해 작은 실수나 결함을 용서하지 못하고, 융통성이 없다.
- 이분법적인 사고를 하고, 자신과 타인에 대해 단정적이고 비판적이다.
- 지나치게 감정과 욕구를 통제하고 엄격하다.
- 타인의 감정에 대해 공감하기 어렵다.
- 높은 기대로 자신과 타인에 대해 항상 만족하지 못하여 분노를 느낀다.
- 사소한 것에 집착하고 지나치게 강박적이 되며, 질투심이 강하다.

날개

- 9의 날개를 가진 1형 : 이상주의자—침착하고 느긋하며 객관적
- 2의 날개를 가진 1형 : 사회 변화를 주장—남을 잘 돕지만 비판적, 통제적

화살

- 7형으로의 성숙점 : 여유, 긍정적, 수용적
- 4형으로의 스트레스점 : 우울, 자살, 못 가졌음에 대한 절망

성숙방법

- 분노를 인식하고 인정하며 분노 표현의 방법을 배워서 적절히 표현하라.
- 자신과 타인을 있는 그대로 너그럽게 수용하고 기대치를 낮추어라.
- 다른 사람들이 자신을 돕도록 허용하고 감사를 표현하라. 자신을 정직하게 열어라.
- 판단하지 않고, 모든 것들은 각기 다른 성질을 갖고 있음을 받아들여라.

2유형 : 돕고자 하는 사람

"사랑받기 원한다면 사랑스러워져라."
— 오비드

〉〉〉 타인을 잘 돌보고 관대하며 그들에 대한 긍정적인 감정을 잘 드러냄.

긍정적인 특성

- 쾌활하고 따뜻하며 애교가 많다.
- 타인의 감정에 주의를 기울여 타인과 공감을 잘하고 수용적이다.
- 사람들의 필요를 잘 알아차리고, 그것을 헌신적으로 충족시킴으로써 행복해 한다.
- 사람들과 쉽게 관계를 맺고 애정과 관심으로 타인에게 생기를 주고 그들을 격려한다.
- 자신의 감정에 대해서 잘 느끼고 적절하게 욕구 충족을 하여 삶의 즐거움과 자유를 누린다.

부정적인 특성

- 근원적인 문제 : 자신은 남의 도움을 필요로 하지 않고, 자신이 남을 가장 잘 도와준다고 생각하는 교만(자만심).
- 이기적이 될까 봐 정작 자신이 원하는 것을 하지 못하고, 'No'라는 말도 못한다.
- 자신의 진심을 표현하지 못하고 다른 사람의 비위에 맞추어 아첨한다.
- 사람들에 대한 소유욕과 집착이 강하고, 남을 배후에서 조종하며 지나친 간섭을 한다.
- 자신이 베푼 만큼 남에게 사랑받고 인정받고 싶은 욕구가 충족되지 않으면 피해의식을 느끼고 비난한다.
- 자신의 선행을 과시하면서 다른 사람들이 인정해 주기를 바란다.

날개

- 1의 날개를 가진 2형 : 봉사자－이상적, 객관적, 스스로를 비판하고 판단함.
- 3의 날개를 가진 2형 : 자신감, 야심 있고 사교적, 경쟁적, 목표 성취 가능.

화살

- 4형으로의 성숙점 : 심오한 감정, 자립심, 창의적, 예술적, 자아성찰을 잘함.
- 8형으로의 스트레스점 : 신경질, 날카로운 공격, 남 탓, 요구 많고 남을 통제.

성숙방법

- 자아 존중감 높이기－자신의 욕구와 감정에 집중하여 자신에게 즐거움을 주고 혼자 하는 활동을 하라.
- 다른 사람들이 바라는 모습이 아니라 자기 본연의 모습이 되도록 노력하라.
- 자신의 자만심에 대해 성찰하라.
- 자기주장 연습을 하라. 거절, 이의 제기, 화나는 감정에 직면하라.
- 다른 사람이 당신에게 주는 애정의 방법이 다양함을 인식하고 받아들여라.
- 부정직하거나 과도한 아첨을 경계하라.

3유형 : 성취하는 사람

"일찍 잠자리에 들고 일찍 일어나라.
열심히 일하라.
그리고 자신에 대해 광고하라."
－ 로렌스 J.피터

〉〉〉 성공 지향적이며 생산적이고, 적응을 잘 하며, 자신의 이미지에 관심이 많은 사람.

긍정적인 특성

- 자신감 있고 낙천적이며 활동적이다.
- 유능하며 일을 신속하게 효율적으로 잘 처리하여 목표를 성취한다.
- 융통성, 설득력과 조직력이 있고, 상황파악 능력과 적응 능력이 뛰어나다.
- 다른 사람들이 최선을 다하도록 동기부여하고 격려하며 리더십이 있다.
- 인상이 좋고 우호적·사교적이어서 폭넓은 인간관계를 형성한다.

부정적인 특성

- 근원적인 문제 : 성공적인 이미지에 대한 집착으로 인해 쉽게 자기와 남을 속이는 기만.
- 자기의 진실한 모습보다는 겉으로 보이는 이미지에 집착하여 타인의 인정을 받고자 한다.
- 과정보다는 성공과 업적에 치중하여 수단과 방법을 가리지 않고 남을 이용한다.
- 목표한 일을 위해서 자신을 억압하고 일중독에 빠지기 쉽다.
- 잘난 체하고 자기도취 성향이 있으며 허영심이 많다.
- 감정을 성찰하지 못해 공감이 어렵고 타인과 진실한 친밀감 형성이 어렵다.

날개

- 2의 날개를 가진 3형 : 매력적인 사람, 따뜻함.
- 4의 날개를 가진 3형 : 전문가－감수성 예민하고, 상상력, 창조적, 일 중심적.

화살

- 6형으로의 성숙점 : 책임감 있게 집단에 협력함. 자기 감정과 많이 접촉하여 상처 받기 쉬움. 사려 깊음.
- 9형의 스트레스점 : 게으름, 무기력, 탐닉, 비생산적, 수동 공격적, 열등감.

성숙방법

- 자기 이익을 위한 거짓된 내면을 직시하고, 자신에게 진실하고 솔직해져라.
- 실패와 자신의 약한 부분을 인정하고 표현하라.
- 자신의 감정을 접하고, 내적인 자아를 만족시키는 일을 찾아라.
- 휴식을 취하고 긴장을 푸는 시간을 가져라.
- 팀의 리더가 아닌, 순수한 팀원이 되어 협력하거나 자원 봉사하는 기회를 가져라.
- 타인의 이야기를 잘 듣고, 함께 즐기려고 노력하라.

4유형 : 낭만적인 개인주의자	"나는 평범한 날들이 이어지는 것만 빼고는 뭐든지 참을 수 있다." — 괴테

〉〉〉 자신의 감정을 경험하고, 이해받고 싶어 하며, 인생의 의미를 찾으려 함.

긍정적인 특성

- 인생의 의미를 발견하고 마음속 깊은 곳의 감정을 느껴 진실하게 드러낸다.
- 민감성·감수성이 가장 발달, 직관력, 타인과의 공감 능력이 뛰어나다.
- 상상력이 풍부하고 심미안이 있어 개성적인 창조성을 발휘한다.
- 아름다움을 발견하는 능력이 있어 고상한 취미, 우아함, 세련됨, 신비로운 면을 가진다.
- 자신의 어두운 면을 받아들이므로 고통스러운 경험도 잘 견딜 수 있다.

부정적인 특성

- 근원적인 문제 : 자신이 갖지 못한 것에 대한 선망에서 나오는 시기심.
- 공허하고 어두운 자기의 감정 세계에 갇혀서 쉽게 상처 받고 부정적이다.
- 자기중심적이고 감정의 기복이 심하며 우울한 성향이 강하다.
- 평범한 것을 꺼리고 남들과 같아지는 것에 대한 공포를 느낀다.
- 남이 자기를 이해하지 못한다고 생각해 이질감을 느끼고 친해지지 못한다.
- 현실에서 갖지 못한 것이나 자신의 단점에만 집착하여 남을 부러워하지만, 실질적 능력개발은 하지 않고 환상 속에서 완성하려 한다.

날개

- 3의 날개를 가진 4형 : 외향적, 명랑함, 야심적, 화려함, 자신의 이미지 추구.
- 5의 날개를 가진 4형 : 내향적, 지적, 독특함, 심오한 영성적 구도자가 됨.

화살

- 1의 성숙점 : 자기단련, 현실적, 실질적인 행동력, 적극적, 감정 조절.
- 2의 스트레스점 : 자신의 욕구를 부정하고 억누름, 상대방에게 지나치게 의존하고 집착하면서 조종함.

성숙방법

- 감정의 기복을 경계하고 감정에 휘둘리지 말라. (“감정은 사실이 아니다. 감정이 내 자신은 아니다.”)
- 자신을 객관적으로 보고, 감사하고, 당당해져라.
- 자존감 회복을 위해 노력하라.
- 현재의 삶에 만족하고 그 가치를 받아들여라.
- 인생의 긍정적인 측면에 초점을 맞추어라.

5유형 : 탐구자

“나는 고독만큼 좋은 친구를 가져 본 적이 없다.”
— 헨리 데이비드 소로우

〉〉〉 지각력 있고, 창의적이며 혼자 있기를 좋아하고, 자신의 마음을 잘 드러내지 않는 사람.

긍정적인 특성

- 지적이고 객관적·논리적인 사고를 하며, 이해력과 통찰력이 뛰어나다.
- 호기심, 탐구심이 많고 창의적인 아이디어로 독창적인 업적을 남긴다.
- 사려 깊고 타인의 말을 잘 경청하며 수용적이다.
- 현실에 대한 예리한 관찰과 지각력이 뛰어나다.
- 강한 자제력, 책임감, 합리적으로 일을 수행한다.
- 위기 상황에서도 침착하고, 물질적 소유나 지위에 초연하다.

부정적인 특성

- 근원적인 문제 : 항상 부족함을 느껴 탐욕스럽고 이것은 정보, 시간, 지식, 돈, 자신의 욕구 등 모든 것에 인색함으로 나타난다.
- 자기표현이 부족하며 다른 사람에 대해 공감이 어렵고, 감정을 경계한다.
- 세상에서 스스로 고립되려고 하며 사람들과의 교류를 피한다.
- 자기 중심적이며, 관심 있는 부분에는 끝까지 파고들지만 관심 없는 일에는 무심하다.
- 지적인 오만함을 보일 수 있다.

날개

- 4의 날개를 가진 5형 : 초연, 민감, 감정이입 잘 하고 자신에게 몰두, 창의적.
- 6의 날개를 가진 5형 : 조직에서 충성, 걱정이 많고 회의적, 조심성이 많음.

화살

- 8의 성숙점 : 용기, 과감하게 행동, 강한 주장, 효율적으로 자신을 지킴.
- 7의 스트레스점 : 충동적, 산만, 천방지축, 무분별한 결정, 극단적 불안정.

성숙방법

- 생각에서 벗어나 행동하라－모험을 감행하고, 실수를 두려워하지 말라.
- 자신의 기대와 한계, 느낌을 말과 행동으로 표현하라.
- 자신 없어 하는 면이 무엇인지 깊이 생각해 보고 그것을 개발하라.
- 감정을 억누르지 말라.
- 세상과 접촉하여 적극적 개입을 통해 관계 속에서의 사랑을 체험하라.

6유형 : 충실한 사람

"나는 새로운 철학을 개발해 왔다.
그것은 하루 중에 24시간만 걱정하기이다."
– 찰스 M. 슐츠

〉〉〉 책임감 있고 의심, 불안이 많고 사람들에게 호감을 주는 사람.

긍정적인 특성

- 자신과 자기가 속한 집단에 충실하고 협조적이며 헌신적이다.
- 놀라운 끈기와 노력으로 목표를 달성하고, 성실하고 책임감 있어 타인의 신뢰를 받는다.
- 상냥하고 인정이 많아 약한 사람의 입장을 공감하고 보호하려 한다.
- 실패와 위험에 대한 철저한 대비를 하고 추리력, 예지력이 뛰어나다.
- 사람과의 관계에서도 충실하여 한번 신뢰하면 한결같은 믿음을 가진다.

부정적인 특성

- 근원적인 문제 : 사소한 근심과 불필요한 의심으로 두려움, 공포에 사로잡힌다. 이러한 공포로 인해 자신이 인정한 권위에 따라서만 행동하려는 경향(공포 순응)과 공포에 대항하고 과민 반응하는 경향(공포 대항)의 대조적인 양상이 나타난다.
- 자신의 의사로 행동하는 것을 두려워하고 우유부단하다.
- 안전에 대한 지나친 집착으로 자신과 타인을 늘 긴장하게 만든다.
- 타인, 특히 자기가 속한 집단 외부의 사람에 대해 경계와 의심이 많고, 버려질 것에 대한 두려움으로 인해 남을 비난할 수 있다.
- 자신감이 없어 불안하여 스스로보다는 외적인 권위에 의해 불안을 해결하려 한다.
- 흑백논리가 강하고 사고가 경직되며 융통성이 부족하다.

날개

- 5의 날개를 가진 6형 : 방어적, 지적, 조심성, 냉담.
- 7의 날개를 가진 6형 : 물질 지향적, 유머 감각, 밝고 경쾌함, 사교적.

화살

- 9의 성숙점 : 느긋함, 공감을 잘함, 넓은 관점, 자기 믿음이 있음.
- 3의 스트레스점 : 두려움을 회피하기 위해 일중독에 빠짐, 실패할 일은 아예 시도 안함.

성숙방법

- 내면의 공포와 두려움의 실체를 관찰하라 ; 실재적인 공포가 아니라 상상 속의 공포임을 알아차리고, 걱정되는 사실을 점검하라.
- 긴장 이완훈련을 하거나 경계심을 풀고 유머 감각을 익혀라.
- 자신감을 가져라—자신의 장점에 귀를 기울이고 스스로에게 칭찬을 하라. 또한 현재의 일에 만족감을 느끼고, 실수도 괜찮음을 명심하라.
- 자기 확신을 갖고 적극적으로 행동하고 자신의 결정을 신뢰하라.
- 변화를 두려워 말고, 자신에게 익숙하지 않은 것을 과감히 시도하며, 다양성을 추구하라.

7유형 : 열정적인 사람	"나는 멋진 삶을 살았다. 나는 모든 것을 시도해 봤다." – 빈센트 프라이스

〉〉〉 대담하고 쾌활하며 낙천주의, 모험심을 갖고 삶에 접근하는 사람.

긍정적인 특성

- 쾌활하고 천진난만하며 낙천적, 긍정적이다.
- 호기심, 모험심이 많고 삶에 활력과 열정이 넘친다.
- 상상력이 풍부하고 창조적인 아이디어가 다양하며 다재다능하다.
- 사교적이고 유머감각이 많아 타인의 호감을 받고, 인간관계의 폭이 넓다.
- 세상을 기회와 선택의 장으로 보고, 자유롭고 적극적으로 살아간다.

부정적인 특성

- 근원적인 문제 : 과도한 본능적 만족과 쾌락을 추구하므로 무절제, 폭식, 방종에 빠지기 쉽다.
- 현실보다는 흥분과 강력한 자극을 추구하며, 쉽게 싫증내고 지루해한다.
- 자신을 과장하며 자아도취적인 성향이 있다.
- 너무 많은 일을 시도하나 제대로 끝을 맺지 못하고 산만하다.
- 자신과 타인에 대해 참을성이 부족하여 요구가 많고, 자기중심적이 된다.
- 깊이 있는 인간관계를 맺기 어렵고, 타인에게 상처를 주고, 무책임하다.

날개

- 6의 날개를 가진 7유형 : 낙천적, 연예인, 충실, 책임감, 근심.
- 8의 날개를 가진 7유형 : 건강, 공격적, 경쟁적, 물질 지향적, 현실적, 밀어붙이는 능력으로 강력한 추진력, 끈기로 목적 달성.

화살

- 5의 성숙점 : 내성적, 객관적, 깊은 탐구, 진지, 자신의 두려운 감정을 경험.
- 1의 스트레스점 : 냉소적, 비판적, 짜증, 흑백논리, 남 탓.

성숙방법

- 내면의 부정적인 정서, 피하고 있는 것이 무엇인지 살펴라.
- 지금 하는 한 가지 일에 집중하여 끝까지 완수하라.
- 성실하게 현실에 근거하여 살겠다는 각오로, 있는 그대로 결과를 받아들여라.
- 갖고 싶은 것보다는 이미 갖고 있는 것에 감사하라.
- 타인의 고통, 인생의 어두운 면이나 부정적인 면을 피하지 말고, 그것에 용기 있게 직면하라.
- 어려운 일은 대가를 치르지만 만족을 가져옴을 기억하라.

8유형 : 도전하는 사람

> "삶의 기술은 댄스라기보다는 레슬링에 가깝다.
> 굳건히 서서 예상치 않은 공격에 대비해라."
> — 마르쿠스 아우렐리우스

〉〉〉 스스로가 도전하고, 다른 사람들도 자신의 능력 이상의 일을 해내도록 격려하는 사람.

긍정적인 특성

- 리더십이 뛰어난 지도자이다－단호하고 압도적이면서도 관대하고 마음이 넓어 타인에게 안정감을 준다. 자신의 보호 아래 있는 사람들을 잘 돌보아준다. 다른 사람에게 힘을 실어 주어 그들의 능력을 발휘하게 한다.
- 열정적으로 소신 있게 행동하며, 담대하고 용기가 있다.
- 자신감이 넘치며 현실파악 능력과 직관력이 뛰어나다.
- 불의를 참지 못하고 공정하며, 진실과 정의를 실천한다.
- 위험이나 역경에도 굽히지 않고 강한 추진력으로 목표를 달성한다.

부정적인 특성

- 근원적인 문제 : 타인을 이용, 소유, 억압하고 착취하면서도 죄의식이나 가책을 느끼지 못하는 파렴치함.
- 모든 일을 통제하고, 자기 뜻대로만 하려고 하면서 타협을 모른다.
- 자기주장이 강하고, 공격적, 직설적이므로 상대에게 상처를 준다.
- 지나치게 충동적이고 성급하며 화를 잘 낸다.

• 힘이 없고 약한 사람을 경멸하고 무시한다. 또한 자신의 약점도 인정하지 않는다.
• 힘의 논리로 모든 것을 해결하려 하고 오만하며 경쟁적이다.

날개

• 7의 날개를 가진 8유형 : 카리스마, 독립적, 사교적, 자기 중심적, 빠른 두뇌 회전.
• 9의 날개를 가진 8유형 : 느긋함, 온순, 수용적, 보호하는 리더십을 발휘함.

화살

• 2의 성숙점 : 개방적, 자신의 약함을 드러냄, 타인의 복지에 더 신경 씀.
• 5의 스트레스점 : 자신의 감정을 무시하고 타인이 자신에게 관심 갖는 것을 두려워 함, 우울, 죄책감, 위축되고 고립된 삶.

성숙방법

• 다른 사람에게 통제 받고 해를 입는 데 대한 두려운 감정을 살피고, 그 두려움의 원인을 찾아 해결함으로써 스스로를 보호하고자 하는 집착에서 벗어나라.
• 나약함을 드러내는 것을 두려워하지 말라.
• 부드러움과 자애로운 마음을 배우고, 타협하는 것을 훈련하라.
• 행동을 취하기 전에 기다리고 경청하는 자세를 가져라.
• 타인의 경험이나 관점을 무시하지 말고, 자신이 '직선적'일 때 타인의 마음을 다치게 할 수 있음을 인식하고, 타인을 심하게 몰아세우지 말라.

9유형 : 평화주의자

> "우리는 서로 밀접한 관계를 맺으며 살아간다.
> 그러므로 우리 삶의 가장 중요한 목적은 다른 사람을 돕는 것이다.
> 남들을 도울 수 없다면 최소한 상처는 주지 말아야 한다."
> – 달라이 라마

〉〉〉 스스로와 다른 사람들을 위해서 내면과 외부의 평화를 추구하려고 애쓰는 사람.

긍정적인 특성

- 수용적, 관대하며 언제나 안정과 평온을 유지하여 타인에게 편안함을 준다.
- 공정한 중재자이며 모든 사람과 평화를 유지한다.
- 겸손하고 친절, 온유하며 인내력이 뛰어나다.
- 스스로 만족하고, 가장 순수하고 착하며 균형 잡힌 유형이다.
- 편견이 없고, 경청과 공감을 잘하고, 타인 지향적으로 남을 도와주고, 든든한 지지가 된다.
- 느리지만 일단 시작하면 엄청난 지구력과 인내로 일을 추진한다.

부정적인 특성

- 근원적인 문제 : 쉽게 살려 하고 자기 계발에 태만한 게으름.
- 갈등을 피하고자, 자신의 주장은 인식 못하고 남의 요구만 따라한다.
- 자신을 사랑받지 못하는 하찮은 존재로 여기고, 자신의 욕구를 무시한다.
- 고집스럽고 꾸물거리며, 냉소적이고 수동공격적일 수 있다.
- 자기 주관이 없고 우유부단하며 타성에 젖는다.
- 상황에 무관심하고, 분노를 부인하거나 참다가 시간이 지났을 때 갑자기 폭발할 수 있다.

날개

- 8의 날개를 가진 9유형 : 중재하는 사람-실천적, 외향적, 자기 주장적, 고집, 방어적, 폭발적으로 화를 냈다가 갑자기 조용해짐.
- 1의 날개를 가진 9유형 : 상상력이 풍부함, 높은 이상, 돕는 마음과 분별력 있음, 정돈, 비판적, 분노를 억압, 사회정의 실천

화살

- 3형의 성숙점 : 조직적, 효율적, 목표 지향적, 자신감
- 6의 스트레스점 : 수동적, 나태, 걱정과 근심에 압도당함, 우유부단, 완고함.

성숙방법

- 자기 자신의 가치를 인정하라-자기를 우선 사랑해야 남도 사랑할 수 있음을 명심하라.
- 어떤 상황에서든 자신이 원하는 것이 무엇인지 인식하라. 원하는 것이 무엇인지

알게 되면 따르는 것을 두려워하지 말라.

- 자신의 분노를 인식하고 처리하는 방법을 배워라.
- 문제를 쌓아 두고 침묵하지 말라—상황이 저절로 변하기를 기다리지 말고, 옳지 않은 상황을 바꾸기 위해 스스로 행동하라.
- 자기주장 연습을 하라—'No'라고 말해 보기, 요청하기, 자신의 문제를 이야기하기.

그룹토의

부록의 에니어그램 유형별 질문지를 이용하여 자신의 유형을 예상하라. 단, 여기에서 예상한 유형이 여러분의 확정된 성격 유형이 아님을 명심하라. 앞에서 말했듯이, 자신의 유형은 섣불리 단정할 수 있는 것이 아니고 내면의 동기를 솔직하게 살피면서 끊임없이 탐구해야 한다.

다음의 내용을 심사숙고하고 난 뒤, 성찰의 결과를 그룹원들과 함께 이야기해 보자.

질문 1. 나는 몇 유형이라고 생각하는가? (질문도구를 이용한 결과와 자신이 예상하는 유형을 함께 이야기한다.) 그렇게 생각하는 이유는 무엇인가?

질문 2. 나의 어린 시절에 가장 힘들었던 기억은 무엇인가? 그리고 그때 나는 어떻게 느끼고 대처했는가?

질문 3. 어린 시절, 다른 사람들은 나에 대해 어떻게 평가했는가?

질문 4. 나의 어떤 성향으로 인해 다른 사람에게 상처를 주었는가?

질문 5. 남들로부터 비난받은 적이 있다면, 주로 어떤 면에 대해서였는가?

질문 6. 내가 생각하기에 나보다 잘나지 못하고, 보잘 것 없어 은근히 무시했던 사람이 아주 성공하여 다른 사람들로부터 인정을 받게 되었다면, 나는 어떤 기분이 들고 어떻게 반응할까?

질문 7. 다음의 사건을 겪는다면, 나는 어떤 생각과 느낌이 들고 어떻게 대처할 것인가? 그룹원들과 토의해 보라.

아침부터 비가 부슬부슬 내리는 토요일 아침, 멀리 있는 친구 집에 가려고 서둘러 준비하고 나섰다. 집을 나서면서 '집안 환기를 시키느라 잠시 열어 둔 베란다 창문을 닫았던가?'하는 의문이 들었으나 '괜찮겠지'하고 그냥 두었다.
친구 집 방문을 마치고 밤 10시쯤 귀가했는데, 현관문 안에서 도어락이 걸려 열리지 않았다. 문이 고장났나 하며 여러 번 시도하던 중, 도둑이 들었을지도 모른다는 생각이 들었다. 성급히 베란다 쪽으로 가보니, 창문과 방충망이 모두 열려 있었다. 도둑이 든 것이다! 경찰을 불러 문을 열고 들어가니, 도둑이 든 흔적이 여기저기에 있다. 서랍도 열려 있고, 옷장 문도 열려 있고, 마룻바닥 여기저기에 신발 자국이 있고…….
도둑이 집안을 뒤진 흔적은 많았지만 없어진 것은 서랍 속에 넣어 둔 현금 5만 원. 출동한 경찰은 근처의 비행청소년들이나 좀도둑의 소행인 것 같다며 요즘 경제가 어려워져서 살기 힘든 사람들이 많다고 했다. 그리고 좀 더 집중적이고 공식적인 수사를 원하느냐고 물었다. 참고로, 아파트 현관 쪽에 감시카메라가 하나 설치되어 있다.

다음 수업을 위한 과제

다음 시간 그룹토의(에니어그램과 인간관계 부분)에서 논의될 질문들에 대해 미리 준비해 오기

7. 에니어그램과 인간관계

에니어그램을 공부하는 목적에서 언급했듯이, 에니어그램을 통해 우선 나에 대해 알고, 또한 다른 사람에 대해 알고 나면 좀 더 수용적인 태도로 인간관계를 맺을 수 있다. 특히 나와 갈등관계에 있는 사람이 있다면, 그 사람의 성격 유형을 고민해 보라.

내가 미워하고 불편해 하는 사람에 대해 그 사람의 성격유형과 내면의 동기, 추구하는 것, 두려워하고 집착하는 부분 등에 대해 이해하고 나면, 그 사람의 태도와 행동을 이해하게 되고, 그에 대해 보다 수용적이 되며, 더 나아가 서로에게 도움이 되는 타협점을 찾을 수 있다. 결과적으로 우리는 인간관계 속에서 보다 성숙할 수 있게 된다.

그런데 여기서 다시 강조하고 싶은 부분은, 상대방을 이해하기 이전에 나 자신에 대한 이해가 우선되어야 한다는 점이다. 인간관계의 갈등은 어느 한쪽의 문제가 아니라 갈등을 겪고 있는 당사자들 모두의 문제이기 때문이다. 갈등관계에 있는 그 사람이 나의 어떤 부분을 자극하여 나를 불편하게 하는지, 왜 나는 그런 부분을 힘들어하는지, 나의 내면에서 무엇을 두려워하는지 등에 대한 솔직한 성찰이 필요하다.

다음의 사례들은 서로 다르거나 비슷한 성격의 사람들이 인간관계 속에서 갈등하는 모습을 에니어그램의 관점에서 제시한 것이다.

사례 1 늘 챙겨 주고 싶어하는 선배(2형)와 간섭받기 싫어하는 후배(5형)

5형 후배의 입장 : 병원에 취업하여 첫 근무지가 중환자실이다. 환자 보호자들을 많이 접하는 일반 병실보다는 나름대로 조용히 환자 간호에만 전념할 수 있어 다행이라고 생각한다. 그런데 나와 함께 파트너가 된 선배 간호사가 무척 부담스럽다. 이 선배는 다른 사람들을 잘 챙기고 따뜻하며 상냥한 태도로 일관하여 동료 의료진들로부터 인기가 많은 것 같은데, 내가 생각하기에는 좀 성가시고 불편하다.

나는 그냥 내 할 일들을 착실히 훈련 받고, 내가 간호하는 부분에 대해 확실히 배우고 실수 없도록 철저히 일하면 될 것 같은데, 이 선배는 부담스러울 정도로 나에게 잘해 준다. 아니, 쓸데없는 부분까지도 간섭하고 이래라저래라 하는 것 같다. 내가 배우고 싶은 많은 전문 업무들이－중환자실의 그 많고 복잡한 기계를 어떻게 다루어야 하는지, 무의식 환자의 합병증 예방을 위해 어떻게 해야 하는지, 환자의 위험 신호가 무엇인지 그리고 응급 상황에서 어떻게 해야 하는지 등—수도 없이 많아서 근무 외의 시간을 투자해도 모자라는데, 이 선배는 자꾸 일 끝나고 커피 한 잔 하자, 밥을 사주겠다, 영화를 보여 주겠다 하며 나의 시간을 뺏으려 한다. 나는 그것보다 차라리 도서관에 가서 중환자 관련 책을 한 권 더 보는 게 나은데…….

이 선배는 일하는 중에도 나의 안색을 살피면서 피곤한지 물어보고, 어깨 안마도 해 주고, 자기가 일했을 때 어땠는지를 줄줄이 말하기 시작하는데, 난 오히려 그게 더 피곤하다. 그리고 쉬는 날에 뭐 하고 지냈는지, 누구와 전화 통화를 했는지, 남자 친구는 어떤지 등 나에 대해 궁금한 게 너무 많다. 이건 엄연히 사생활 침해인 것 같은데. 그리고는 다른 동료들이나 수간호사님의 성향에 대해 일일이 알려주고, 그들에게 잘 보이려면 내가 어떻게 해야 한다는 둥, 중환자실 간호사들은 특히 더 가족같이 지내야 한다는 둥, 내게 부담스런 이야기만 늘어놓는다. 그런 얘기들은 남의 험담으로밖에 안 들린다. 내 앞에서는 몸 둘 바를 모르게 나를 칭찬하고 아부하지만 뒤에서는 누군가에게 내 험담을 할 것 같아서 기분이 나쁘다. 또 내가 간호업무를 하고 있으면, 옆에 와서 봐준답시고 이리저리 감시하고 설명하고……. 내가 다 아는 부분도 여러 차례 말하고 지시하니 정말 머리가 아프다. 그래도 선배니까 내가 너무 무례하게 굴면 기분 나쁠까 봐 내색도 못하고 건성으로 대답하고는 말이 길어지기 전에 얼른 자리를 피한다.

차라리 다른 선배랑 파트너가 됐으면 좋겠다. 수간호사님은 이 선배가 사람들을 잘 챙긴다는 이유로 신규 간호사인 나랑 일하게 하신 것 같은데, 나는 다소 무뚝뚝하고 냉정해 보여도 자기 할 일만 하면서 나의 업무 시간과 사생활을 지켜 주는 사람과 같이 일하고 싶다.

뭐, 그래도 업무 훈련 받을 때는 좋은 면도 있었다. 처음 출근해서 내가 어색하고 부끄러워할 때 나에게 먼저 와서 말 걸어 주고, 병동 일에 익숙하지 않아 시간이 많이 걸리던 일을 도와주기도 하고, 한번 질문하면 상세하게 가르쳐 주었다. 또한 중환자실의 환자들에게 마음을 다해 간호하는 모습을 보면 천사가 따로 없다.

이 선배가 근무지에 나타나면 늘 활기가 넘치고 사람들의 기분이 좋아진다. 그런데 어떤 선배로부터 이런 얘기를 들었다. 이렇게 친절한 선배가 한번 토라지면 얼음같이 차갑다는 것이다. 자기의 성의를 무시한다거나, 감사의 표현을 하지 않거나, 그녀가 시키는 대로 따르지 않으면 은근히 냉정해지면서 상대를 무시하고 날카로운 말들을 내뱉어 상대를 당황하게 만든다며 나보고 그 선배에게 찍히지 않도록 조심하라고 했다. 이런, 천사의 모습 뒤에 숨겨진 양면성이라니! 나는 이 선배에게 찍히지 않기 위해 억지로 선배의 말을 받아 주는 척해야 하나, 아니면 아예 찍혀 버려서 선배의 관심과 간섭으로부터 벗어날까……. 병원 생활이 쉽지 않다. 전문적인 일 외에 인간관계까지 고민해야 하다니, 그냥 병원을 그만두고 연구직으로 방향을 바꾸어야 하나?

2형 선배의 입장 : 이번에 새로 나의 파트너가 된 후배는 가까이하기가 참 어렵다. 학교에서도 우등생이었던 이미지에 맞게 참 똑똑하고 이지적이며 배우는 데 열정적이라 더 챙겨 주고 싶었는데, 나에게 너무 냉정하고 반응이 없다. 그리고 나를 대하는 것이 건성인 것 같고 오히려 성가신 눈치다.

나는 새로운 환경에서 어색하고 적응을 못할까 봐 개인적인 이야기도 해 가면서 친해지려 했고, 근무가 끝나면 기분전환도 하고 격려도 할 겸 함께 시간을 보내려 하는데, 그녀는 번번이 핑계를 대면서 거절한다. 아니, 싫으면 싫다고 직접 말을 하지, 이리저리 핑계 대면서 피하질 않나, 행여 같이 식사를 해도 대화는커녕 눈조차 맞추려 하지 않는다. 처음엔 수줍어서 그런 줄 알았는데, 마치 나와 함께 있는 자리가 무의미해 보인다는 태도이다.

나는 중환자실의 업무가 고된 만큼, 같은 동료들끼리 지지하고 격려하여 가족 같은 화기애애한 분위기 속에서 힘을 얻어야 한다고 생각한다. 그래서 중환자실 가족들에게 성심성의껏 봉사를 하는데, 이 후배는 내가 쓸데없는 참견을 하고 다닌다고 생각하는 듯, 가끔 내게 냉소적인 눈길을 보낸다. 그리고 내가 중환자실 동료들에 대해 미리 정보를 주고 조심해야 할 점들을 일러줌으로써 후배가 그들에게 실수하지 않도록 도와주려 했는데, 그 후배는 내 말을 그냥 흘려 버리는 것 같다. 아니, 전혀 관심이 없는 것 같다.

그건 내게 너무 견디기 힘들고 화를 돋우는 반응이다. 내가 친절을 베풀고 마음을 주는 사람들이 그 고마움을 모르고 보답하지 않으면 미쳐 버릴 것 같다. 그들에게서 나의 존재감이 사라지는 것 같아서 말이다. 내가 뭐 큰 보답을 바라는 것도 아니다. 그냥 내 친절을 거절하지 않고, 고맙다는 말 한 마디 해 주는 것으로 족한데. 이 후배는 그런 것에도 인색하고, 자신에 대해 말하는 것에도 인색하다. 내가 개인적인 질문을 하면 그냥 씨익 웃으면서 침묵한다. 참 답답하다.

이 후배는 학교에 다닐 때도 아마 공부만 했을 것이다. 친구도 없이. 우리 간호업무는 혼자 하는 것이 아닌데, 저렇게 혼자 잘난 척 선배인 나를 무시하는 것을 보면 참을 수 없다.

이제 한 번만 더 나를 무시하면, 내가 얼마나 무서운 사람인지를 보여 줘야겠다. 조금만 실수해도 눈물 쏙 빠지게 야단치고, 일도 전혀 도와주지 않고, 후배가 모르는 부분만 질문하여 당황하게 만들어야지. 이때까지 보였던 만만하고 함부로 무시해도 되는 선배가 아닌, 엄하고 무서운 선배로 보여 나를 무시하지 못하게 해야겠다.

사례 2 규범을 중시하는 선생님(6형)과 개성이 강한 학생(4형)

초등학교 4학년 담임을 맡고 있는 권 선생님은 학교에서 모범적이고 책임감 있는 사람으로 인정받고 있다. 학급 일은 물론이고 학교의 주요 업무들도 책임 있고 성실하게 해냄으로써 동료들이 신뢰하는 사람이다. 지도하고 있는 학생들에게도 열성적이고 자상한 선생님으로서 모범을 보여 학생과 학부모들의 신임을 받고 있다. 권 선생님은 학생들의 안전을 최우선으로 생각하면서 자신의 일에는 최선을 다해 성실히 수행하지만, 약간의 위험부담이 있는 일들은 좀처럼 시도하지 않는다. 만약 새로운 시도를 했다가 실패하거나 하면 학생들의 안전에 위협이 될 수 있다고 생각하기 때문이다. 그래서 교실에서 하는 수업시간은 적극적으로 이끌지만, 운동장에서 하는 체육시간은 늘 긴장하면서 학생들에게 최소한의 활동만 권유한다. 그러다 보니, 쉬는 시간에 학생들이 운동장에 나가서 노는 것은 절대 허용하지 않는다. 혹시 선생님의 감독 없이 운동장에서 놀다가 안전사고가 나면 큰일이니까.

권 선생님은 학교의 규범을 중시하여 스스로 그것을 지키고 학생들에게도 지킬 것을 강요한다. 학생들이 규범을 어길 때에는 그에 해당하는 벌칙을 주어서라도 반드시 정해진 규칙을 지키도록 하고, 그것이 학교가 원만하게 잘 운영되는 방법이라고 생각한다.

늘 긴장하고 살지만, 그래도 이때까지 그럭저럭 별 탈 없이 학교생활을 해 온 권 선생님을 화나고 당황하게 만드는 학생이 있었으니, 권 선생님 반의 '나대로'라는 학생이다.

나대로는 권 선생님이 보기에 너무 개성이 강하다고나 할까? 수업시간에도 창밖을 보면서 다른 생각을 하는 모습이 눈에 띄고, 선생님의 질문에 엉뚱한 답을 하거나 아예 대답을 하지 않았다. 그리고 체육시간에 모두 입는 체육복을 입지 않고 다른 운동복을 입고 있는데, 그 이유는 남들과 같아지기 싫어서란다. 그리고 권 선생님이 내주는 숙제를 잘 해오다가도 별다른 이유 없이 숙제를 하지 않고, 그런 기간이 일주일간 지속되기도 한다. 나대로 학생의 이런 행동들은 일종의 반항이 아니라 나름의 이유가 있어서이다. 사람의 기분이 항상 일정할 수 없는 법. 어떤 날은 숙제를 하고 싶은 날이 있고, 어떤 날은 여러 가지 복잡한 생각과 침체된 기분에 학교 숙제를 하기 싫은 날이 있으며, 학교에서 획일적으로 지켜야 하는 규칙쯤은 좀 무시해도 된다는 생각을 하고 있다. 그리고 이 세상은 생각해 볼거리, 느낄거리가 너무나 많으므로 수업시간에 칠판만 바라보고 있는 것도 무의미하다고 생각한다.

그렇다고 나대로 학생이 드러나게 반항적이거나 문제행동을 보이는 것은 아니다. 학급 친구들과 사이가 좋고 인기가 있으며, 선생님에게도 상냥하고 학교 성적도 좋은 편이다. 나대로 학생은 권 선생님에 대해 특별히 반감은 없지만, 수업 내용이 너무 교실에서만 이루어지고 체육활동을 비롯한 다양한 바깥활동을 제한하는 점이 마음에 안 든다. 운동장에 나가면 화단의 꽃과 벌레들을 보면서 느낄 것도 많고, 바람의 기운이나 햇살을 받으면서 기분전환을 할 수 있는데, 선생님은 무조건 교실 안에서만 지내라고 하니 답답하다.

학교에서 정해진 규범에 순응하며 따라야 한다고 생각하는 권 선생님과 개개인의 개성과 욕구를 생각하지 않고 무조건 정해진 규범에 따르는 것은 무엇보다 싫다는 나대로 학생 사이에 갈등이 생길 수밖에 없다. 권 선생님은 나대로 학생이 자신의 권위에 도전한다고 생각하여 엄하게 야단치고 벌을 주기도 하지만, 그럴 때마다 학생은 더욱 더 대답도 하지 않고 자기 세계 속에 사는 듯 선생님을 외면한다.

사례 3 여장부 엄마(8형)와 고래심줄 아들(9형)

이 세상은 치열한 전쟁터라 생각하여, 자식을 키우는 것은 삶의 전쟁터에서 싸워 이길 강한 군사를 키우는 것과 같다고 여기는 8형의 엄마, 강자 씨는 외아들 평안이를 키우는 일에 헌신적이다. 도전적이고 화통한 성격으로 인해 동네에서는 여장부라 불리고, 아들의 학교에서는 운영위원장을 도맡아 하면서 선생님들과 학부모들을 좌지우지한다. 그래도 강자 씨가 운영위원장을 수년간 해오면서 학교의 면학환경이 깨끗해지고, 학생들을 위한 편의 시설들이 많이 생겼다. 사람들은 강자 씨를 보고 '없으면 있게 만드는 사람'이라며, 그의 추진력을 높이 샀다. 강자 씨가 이렇게 아들의 학교에서 열심히 활동하는 것은 모두 외아들 평안이를 위해서다. 학교에서 엄마가 힘있는 자리에 있어야 친구들이나 선생님들이 평안이를 무시하지 않을 것이라는 생각이었던 것이다.

그녀는 평안이가 어릴 때부터 자신이 만들어 놓은 생활 스케줄에 따르게 했다. 피아노, 태권도, 미술, 영어, 수학 등 하루가 모자라게 평안이의 스케줄은 짜여 있다. 강자 씨는 이 모든 것이 경쟁 사회에서 살아남기 위한 최선이라며 자부한다. 다행히 평안이는 엄마의 지도에 대해 거부도 이의도 제기하지 않으면서 묵묵히 따랐고, 학교에서도 누구나 좋아하는 착한 아이, 듬직한 아이로 자랐다. 사실, 마음속으로는 친구들과 농구도 하고 싶고, PC방에 가서 게임도 하고 싶었지만 엄마가 이 사실을 아시면 틀림없이 흥분하면서 한참 설교를 늘어놓을 것 같아서 그냥 포기했다.

엄마의 집요한 잔소리는 평안이에게는 너무 귀찮은 스트레스다. 평안이가 7세 때의 일이다. 놀이터에서 다른 친구와 놀다가 실수로 친구를 쳤는데, 그 친구가 울었다. 그래서 평안이가 그 친구에게 얼른 사과를 했는데, 이 광경을 멀리서 본 평안이의 엄마가 달려와서 평안이에게 친구를 때렸느냐고 물었다. 평안이는 엄마로부터 야단을 맞을까 봐 아니라고 했지만 엄마가 계속 따져 물었다. 때리지도 않았는데, 왜 네가 사과를 하냐, 너는 바보냐, 그렇게 남에게 지고 살아서 어쩌자는 것이냐면서, 한 말을 또 하고 또 하고 반복하였다. 주위에 누가 있든 상관없이 평안이에게 퍼부었다. 이런 엄마의 모습에 익숙했던 평안이는 그냥 됐다며 그만하라고 엄마를 피해 다른 곳으로 가 버렸다.

평안이는 엄마의 열성적인 학습 지도－학원과 과외선생, 인터넷 학습 등－를 따라 공부했으나 수능 성적이 기대만큼 잘 나오지 않는다. 사실 평안이는 엄마 눈치를 보며 공부를 하는 척만 했다. 자기가 하고 싶은 분야도 특별히 없고 그렇다고 엄마가 원하는 의대에 가는 것은 도저히 자신이 없다. 그래서 목표의식 없이 그냥 멍하게 책상에 앉아 있는 시간이 많다. 엄마에게 야단맞지 않으려고 대충 따라 하기는 했으나 별로 공부에 흥미도 없고 자신도 없어 엄마가 기대했던 만큼의 성과를 내지는 못한다. 엄마는 이런 성적으로는 좋은 대학의 의과대학에 못 간다면서 이때까지 부은 엄마의 열정이 다 어디로 갔느냐며 불같이 화를 냈지만, 평안이는 아무 생각이 없다. 그래도 엄마는 포기하지 않고, 평안이의 성적에 맞추어 갈 수 있는 의대에 무조건 원서를 냈다. 운 좋게 의과대학에 합격하여 등록을 했다. 평안이는 그때까지 그냥 엄마가 시키는 대로 하였으나 마음속으로는 의사가 되려는 생각이 전혀 없다.

학교에 입학하여 평안이는 학교 가는 척만 하고, 정작 학교는 가지 않으면서 이전에 못 가본 PC방에 다녔고, 용돈을 모아 홀로 떠나는 여행을 계획했다. 여기저기 다니는 여행보다는 어디 깊은 산속 암자에 묵으면서 마음을 닦는 그런 여행을 하고 싶었다.

한 학기가 지나갈 즈음, 강자 씨는 학교로부터 출석 미달, 시험 불참 등의 이유로 평안이의 퇴학 경고장을 받고 하늘이 무너지는 충격을 받았다. 평안이를 불러 물어보지도 않고 무작정 흠씬 두들겨 팼지만 분이 풀리지 않았다. 평안이는 엄마가 때리는 것을 피하지 않고 온몸으로 맞았다. 그리고 다음 날 쪽지 한 장을 써 놓고 집을 나가 버렸다. 오랫동안 마음에 품고 있던 여행을 위해…….

그룹토의

각 유형을 골고루 섞은 토의 그룹을 만들어, 자기가 겪고 있는 인간관계 속에서의 갈등사례를 발표한다. 이 사례를 갖고 그룹원들이 다음 사항을 토의한다.

- 당사자의 에니어그램상 유형

- 갈등 대상자의 에니어그램상 유형

- 두 사람 간의 갈등이 일어나는 이유

- 사례 당사자가 갈등 대상자에 대해 이해하는 방법과 대처방법

위의 사항을 충분히 토의한 후 각자의 사례와 토의 부분, 자신이 생각하는 대처방안을 보고서로 작성한다.

다음 수업을 위한 과제

- 부록 :〈의사소통 방식〉 작성하기
- 부록 :〈자기주장 척도〉 작성하기

▸ 그룹원 바꾸기

이후 수업부터는 다양한 체험을 위해 토의 그룹을 바꾸는 것도 고려하자.

제 2 부 의사소통의 실제

제4장 의사소통의 방식 (수업 6주차)

1. 의사소통의 방식
2. 대상에 따라 달라지는 의사소통 방식

제5장 의사소통을 방해하는 요인 (수업 7주차)

1. 효과적인 의사소통의 장애요인
2. 생각의 틀 발견하기
3. 인지 재구조화 작업

제6장 비효과적 의사소통 기술 (수업 8주차)

1. 비효과적 의사소통의 실제
2. 비효과적 의사소통 기술

제7장 효과적 의사소통 기술 Ⅰ : 경청 (수업 9주차)

1. 상대방의 이야기를 잘 들어주지 않는 자세
2. 상대방에게 집중하는 연습
3. 경청을 위한 자세

제8장 효과적 의사소통 기술 Ⅱ : 공감 (수업 10, 11주차)

1. 공감적 반응의 원칙
2. 공감 경험하기
3. 공감의 수준
4. 공감 연습하기

제9장 효과적 의사소통 기술 Ⅲ (수업 12주차)

1. 효과적인 의사소통을 위한 치료자의 기본 태도
2. 효과적인 의사소통 기술의 실제

제10장 임상에서의 의사소통 (수업 13, 14주차)

1. 임상의 특성
2. 임상에서의 의사소통의 중요성
3. 임상에서의 인간관계와 의사소통
4. 임상에서의 의사소통의 실제

종 합

앞에서 살펴보았듯이 인간관계는 의사소통을 통해 이루어지기 때문에 조력자인 간호사가 대상자와 치료적인 인간관계를 잘 형성하기 위해서는 효과적으로 의사소통할 수 있어야 한다.

의사소통이란 둘 또는 그 이상의 사람들 사이에 사실, 생각, 의견 또는 감정의 교환을 통하여 공통적 이해를 하고, 듣는 사람측의 의식이나 태도 및 행동에 변화를 일으키는 일련의 과정이다. 실질적으로 간호사는 의사소통을 통해 간호의 목적인 대상자의 욕구를 파악하고 간호중재를 수행 및 평가한다.

의사소통의 유형은 크게 두 가지—언어적, 비언어적—수준에서 이루어진다. 의사소통을 효과적으로 하기 위해서는 정보를 정확하고 효율적으로 전달하는 언어적 의사소통뿐 아니라 비언어적 의사소통에 대해서도 잘 알아야 한다.

언어적 의사소통에는 구어(口語)와 문어(文語)가 포함되며, 내용과 정보를 전달하는 데 효과적이다. 효과적인 의사소통을 위해서는 되도록 전달하고자 하는 의미와 그 표현방식이 일치하고, 공유 가능한 언어를 사용해야 한다.

비언어적 의사소통은 구어와 문어를 제외한 모든 것으로 의사소통의 대부분을 차지한다. 언어적 경로보다 사회적 의미와 정서적 의미를 전달하는 데 효과적이며, 더 신뢰할 만하다. 비언어적 의사소통에는 몸의 움직임—얼굴 표정, 눈맞춤, 자세, 손짓 등—이 포함되며 목소리의 고저, 속도, 질, 리듬, 강조, 억양 등이 언어적 의사소통을 해석하는 데 큰 영향을 미친다. 이 외에도 개인적·사회적 공간, 접촉(touch)과 문화적 가공품—외모, 머리 모양, 화장, 의복, 향수, 장신구 등—도 비언어적 의사소통에 영향을 준다.

의사소통을 이루는 요소는 다음과 같다.

송신자(Sender) : 지식, 감정, 의지 등을 표현 또는 전달할 의도를 갖고 있는 개인 또는 집단으로, 효과적인 의사소통을 위해서는 언어적 의사소통과 비언어적 의사소통의 일치, 융통성 등이 요구된다.

수신자(Receiver) : 메시지 전달의 대상자로, 그 의미와 내용에 대해 반응을 보이는 개인 또는 집단이다. 효과적인 의사소통을 위해서는 송신자의 메시지를 정확하게 지각하고 평가할 수 있는 능력이 있어야 효과적인 의사소통이 가능하다.

메시지(Message) : 송신자로부터 수신자에게 전달되는 일련의 정보로, 부적절하거나 비효율적인 것을 피해야만 효과적인 의사소통이 가능하다.

매체(Medium or Channel) : 메시지를 담는 용기 및 그 용기의 운반체, 회로 등을 말하는 것으로, 이것을 통해 메시지가 수용자에게 전달된다. 이러한 매체에 잡음이 끼어들면 메시지의 전달이 방해되는 경우가 많다.

효과(Effect) : 수용자가 커뮤니케이션 자극을 받고 보이는 반응 중에서, 송신자가 의도하였던 반응만을 뜻한다. 송신자가 의도한 반응인 효과를 얻는 것은 쉬운 일이 아니므로 이에 대한 연구가 요구된다.

피드백(Feedback) : 송신자에게 돌아오는 수신자의 반응으로, 피드백이 있을 때 의사소통은 연속적인 순환과정이 된다.

상황(Context) : 커뮤니케이션이 일어나는 시대적 및 지리적 상황으로, 작게는 커뮤니케이션이 일어나는 분위기, 장소, 시간, 수용자의 관계 등이 포함되고, 크게는 사회적 및 정치적 체제, 세계정세 등 사회적, 정치적 및 문화적 배경이 포함된다.

한편 지각, 가치, 문화와 종교, 사회계층, 의사소통자의 능력, 메시지의 내용이나 상황, 두 사람의 관계 등이 의사소통에 영향을 미친다.

제2부에서는 앞에서 살펴본 의사소통의 이론을 바탕으로 효과적으로 의사소통을 하기 위해서 꼭 알아야 할 의사소통 방식, 의사소통을 방해하는 요인, 비효과적 의사소통 기술, 효과적 의사소통 기술에서 가장 핵심이 되는 경청과 공감, 기타 효과적 의사소통 기술, 마지막으로 임상에서 간호사가 경험하는 의사소통에 대해 살펴보고자 한다.

제4장

의사소통 방식 (수업 6주차)

▸ **단원의 목적**

타인과의 의사소통에서 대상에 따라 달라지는 자신의 의사소통 방식을 알고 그 대상과의 인간관계를 연관하여 성찰한다.

▸ **성취목표**

- 의사소통 방식에 수동적, 공격적, 수동 공격적, 주장적 방식이 있음을 이해한다.
- 대상에 따라 달라지는 자신의 의사소통 방식을 파악하고 설명한다.

1. 의사소통의 방식

일상생활에서 자신의 생각, 감정, 원하는 것을 이야기할 때 우리는 다양한 방식으로 표현한다. 직접 말하기도 하고, 편지를 쓰거나 예술적인 도구를 사용하기도 한다. 이 중 상대에게 직접 말하는 방식을 자세히 살펴보면 크게 네 가지로 나눌 수 있는데 그것은 수동적, 공격적, 수동 공격적, 주장적인 방식이다. 우리는 전적으로 수동적이지도, 공격적이지도, 주장적이지도 않다. 이 네 가지 방법을 모두 동원하여 의사소통을 한다. 다만 어떤 사람에게는 수동적인 의사소통을 하며, 어떤 사람에게는 주장적이고, 어떤 사람에게는 공격적인 의사소통을 보인다. 또 어떤 사람에게는 수동 공격적인 방식으로 자신을 표현한다. 그 대상과의 인간관계가 어떠한가, 내가 그 대상을 어떻게 생각하는가에 따라서 대상을 대하는 방식이 달라진다. 제4장에서는 이 네 가지의 의사소통 방식이 어떻게 다르며, 각각에 자리잡은 중심생각이 무엇인지를 살펴볼 것이다.

그리하여 자신이 수동적, 공격적, 수동 공격적으로 대해 왔던 대상과의 인간관계가 좀 더 주장적이고 긍정적인 의사소통을 하는 인간관계로 바뀜으로써 편안하고 도움이 되는 대인관계를 만들어 나가기를 바란다.

1) 수동적인 의사소통 방식

수동적인 의사소통 방식은 다음의 양상으로 의사소통하는 것이다.

- 목소리가 작고 웅얼거린다.
- 시선을 아래로 두거나 상대와의 눈 맞춤을 피한다.
- 자신의 생각을 이야기하기를 꺼린다.
- 주변적인 이야기만 하면서 이야기의 요점을 말하기를 피한다.
- 다른 사람에게 도움을 요청하지 못하고, 거절도 하지 못한다.
- 다른 사람에게 화를 내지 못하고 혼자서 속상해 한다.
- 자신이 실수하는 것을 두려워한다.
- 다른 사람의 칭찬을 불편하게 받아들이고 어떻게 대응할지 몰라 망설인다.
- 자신이 원하는 것을 정확히 모르거나, 알고 있다 하더라도 표현하지 못해 결국 다른 사람에게 자신의 바람과 권리를 빼앗긴다.
- 자신이 목표하는 것을 성취하지 못하여 우울해 하고 좌절한다.
- 다른 사람의 목적 달성에 이용당한다.
- 자신을 위한 선택을 남에게 맡긴다.

질문. 이 외에 자신이 경험한 수동적인 의사소통 방식에 어떤 양상이 있는지 살펴보자.

수동적인 의사소통을 하는 사람에게 숨겨진 생각은 다음과 같다.

- 내가 말해 봤자 무슨 소용이 있겠어?
- 나는 내가 원하는 것을 성취할 가치도 능력도 없어.
- 내가 뭘 안다고…….
- 괜히 나섰다가 나만 손해보는 것 아니야?
- 나는 무능해.
- 저 사람들은 나보다 훨씬 잘났으니까…….
- 이런 말 했다가 창피당하면 안 되니까 그냥 가만히 있자.

• 내가 원하는 것이 뭐가 중요해?
• 실수하면 남에게 무시당할 거야.
• 도움을 청했다가 거절당하면 어쩌지? 그건 그가 날 싫어한다는 증거야.
• 내가 거절하면 저 사람이 상처를 받고 날 미워하겠지?

질문. 이 외에 수동적인 의사소통을 하는 사람의 생각에는 어떤 것이 있는지 생각해 보자.

2) 공격적인 의사소통 방식

공격적인 의사소통 방식은 다음과 같이 의사소통하는 것이다.

• 눈을 치켜뜨고 상대를 노려본다.
• 목소리가 크고 말의 속도가 빠른 편이다.
• 다른 사람의 말을 들으려 하지 않고 자기 말만 한다.
• 욕이나 비속어 등을 자주 사용한다.
• 다른 사람의 말을 중간에 끊는다.
• 방어적이고 호전적이며 폭발적이어서 행동을 예측하기가 어렵다.
• 다른 사람을 업신여기고 핀잔을 준다.
• 다른 사람에게 명령하고, 뜻대로 되지 않으면 화를 내거나 위협한다.
• 다른 사람의 권리를 침해하면서까지 자신이 목적하는 것을 이루려 한다.
• 다른 사람을 이용하고 희생시켜 자신의 목표를 달성한다.
• 다른 사람의 선택에 참견한다.

질문. 이 외에 공격적인 의사소통 방식에는 어떤 것이 있는지 살펴보자.

공격적인 의사소통을 하는 사람에게 숨겨진 생각은 다음과 같다.

• 내가 원하는 것만 중요해.
• 저 사람이 뭘 알겠어?
• 나만 잘났지.

- 어떻게 감히 나를 무시하고 이렇게 대접할 수 있어?
- 나 외의 다른 사람은 전혀 중요하지 않아.
- 남이야 상처 받든 말든 그건 내게 전혀 문제가 안 돼.
- 무조건 나에게 복종시켜야 해.
- 저 사람은 무시해도 돼. 나한테 아무 피해도 없어.

질문. 이 외에 공격적인 의사소통을 하는 사람의 생각에 어떤 것이 있는지 생각해 보자.

3) 수동 공격적 의사소통 방식

수동 공격적 의사소통 방식은 겉으로는 수동적인 것처럼 보이지만, 사실은 이면에 공격적인 모습을 하고 있어 상대방을 화나고 당황하게 한다.

- 시선은 아래를 보면서 상대방과의 눈 맞춤을 하지 않는다.
- 다른 사람이 지시하는 것에 반응하지 않는다.
- 다른 사람의 말에 무표정하다.
- 상대의 앞에서는 아무 말도 하지 않다가 뒤에서는 그 사람의 험담을 하고 투덜거린다.
- 다른 사람이 시키는 것을 거절하지도 않지만, 침묵으로 대처하면서 그대로 시행하지도 않고 버티다 상대방을 화나게 한다.
- 냉소적이다.
- 고집스럽다.
- 자신의 생각을 말하지 않고 상대의 말도 제대로 듣지 않는다.
- 내면에 분노가 가득 차 있지만 그것을 적극적으로 표현하지 않는다.

질문. 자신과 주변에서 보이는 수동 공격적인 의사소통 방식에는 어떤 것이 있는가?

수동 공격적인 의사소통 방식을 보이는 사람은 다음과 같은 생각을 한다.

- 너는 실컷 너 하고 싶은 말을 해. 그래도 나는 내 방식대로 할 거야.
- 네가 하는 말은 전혀 나에게 해당되지 않아.

• 괜히 말해서 손해보지 말고 그냥 입 다물고 있다가 무시해 버리자.
• 모든 것이 다 귀찮아.
• 저 사람은 별로 잘나지도 않았으면서 왜 나한테 이래라 저래라야.
• 왜 나만 이렇게 만만하게 보이고 희생당해야 하는 거지?

질문. 이 외에도 수동 공격적 반응을 보이는 사람은 어떤 생각을 하고 있는지 생각해 보자.

4) 주장적인 의사소통 방식

주장적인 의사소통 방식은 지향해야 할 것으로, 긍정적인 의사소통 방식이라고도 한다. 주장적이라는 것은 다른 사람의 권리를 침해하지 않고 자신의 생각, 감정, 원하는 것을 표현하는 것이다. 나의 권리와 상대방의 권리를 동시에 존중하는 바람직한 의사소통 방식이다.

• 상대방과의 눈 맞춤을 적절히 한다.
• 목소리는 또렷하고 크기도 적당하며 안정되어 있다.
• 말하고자 하는 것과 얼굴 표정, 제스처가 적절하다.
• 다른 사람에게 요청하고, 거절하고, 사과하는 것을 잘 한다.
• 다른 사람의 말을 끝까지 듣고 반응한다.
• 다른 사람의 생각을 존중하면서 자기의 생각을 밝힌다.
• 다른 사람에게 공감적인 표현을 한다.
• 다른 사람에게 상처 주지 않고 자신의 목표를 성취한다.
• 자신의 권리를 보호하고 타인의 권리도 존중한다.
• 자신에 대해 좋은 감정을 가지며 자신감이 있다.
• 타인과의 관계에서 편안함을 느낀다.
• 자신을 위한 선택을 한다.

질문. 이 외에 주장적인 사람의 모습에는 어떤 것이 있는지 살펴보자.

주장적인 의사소통을 하는 사람의 생각은 다음과 같다.

• 나의 권리 못지않게 다른 사람의 권리도 중요해.

- 저 사람의 말에도 일리가 있어.
- 나는 존중받을 가치가 있고 충분히 잘 하고 있어.
- 다른 사람이 나의 요청을 거절해도 그건 내가 싫어서가 아니라 여건이 안 되어서 그런 거야.
- 남에게 도움을 청하는 것은 창피한 것이 아니야.
- 남이 나를 인정해 주니 기분이 좋아.
- 사람은 누구나 실수를 해. 하지만 같은 실수를 반복하지 않도록 조심하자.
- 나는 내가 원하는 것을 가질 가치가 있어.
- 나는 내가 무엇을 원하는지 잘 알고 있어.
- 다른 사람도 각각 장점이 있고, 목표를 향해 나아갈 가치가 있어.

질문. 여러분이 주장적인 사람이라면, 어떤 긍정적인 생각을 하고 있는지 살펴보자.

2. 대상에 따라 달라지는 의사소통 방식

위에서 우리는 수동적, 공격적, 수동 공격적, 주장적인 의사소통 양상과 그 밑에 깔려 있는 생각에 대해 살펴보았다. 이에 비추어 자신을 돌이켜볼 때, 주로 어떤 방식으로 의사소통을 하는지를 알 수 있을 것이다. 그런데 앞에서도 말했듯이 우리는 완전히 '수동적이다, 공격적이다, 주장적이다'라고 단정하지 못한다. 대부분의 사람에게 수동적인 모습을 보이더라도 특정 사람에게는 공격적인 모습을 보일 수 있고, 다른 사람에게는 나의 주장을 적절히 표현할 수도 있기 때문이다. **그것은 나와 그 상대방과의 관계가 어떤가에 따라서 달라진다.** 그러므로 내가 주장적이지 못한 의사소통 양상을 보이는 사람과의 관계가 어떤지를 성찰하면 그 사람과의 사이에서 드러나거나 드러나지 않은 불편한 관계를 발견할 수 있을 것이다.

또한 그런 불편한 관계의 대상과 보다 주장적으로 의사소통하려고 노력하면 그 사람과의 관계가 개선되는 것을 경험할 수 있다.

다음은 대상에 따라 달라지는 의사소통 방식에 대한 예이다.

내 친구 영희는 무척 착하다. 좀처럼 화내지도 않고, 무슨 결정이든 내가 하는 대로 따라 주고, 나의 부탁을 거절하지도 않는다. 나는 이 친구와 함께 있으면 편하고 든든

하여 학교에서 대부분의 시간을 같이 보낸다. 점심 메뉴도 항상 내가 선택하였고, 도서관 자리도 내가 부탁하면 언제든지 대신 잡아 준다. 영희는 자신의 의견을 말하는 일이 거의 없이 내가 하는 것에 무조건 웃으면서 따라 준다. 그러다 보니 점점 내가 영희를 만만하게 생각하는 것 같다. 영희는 화를 내지 않기에 나는 짓궂은 농담을 하거나 엉뚱한 화풀이를 영희에게 하기도 하고 말투는 점점 명령조로 바뀌었다. 다른 사람에게는 예의도 잘 갖추고, 상냥하며, 내 생각을 상대에게 기분 나쁘지 않게 잘 말한다. 그러나 영희에게만은 다그치거나 짜증 섞인 말투로 변해 버린다. 또한 영희가 망설이거나 자기 얘기를 하지 않는 모습에 답답하여 다그치기도 한다.

그러던 어느 날, 나는 과제 때문에 자료 좀 구해 달라고 영희에게 요청(거의 명령에 가까운)을 했다. 그런데 영희가 자기 과제 때문인지 조금 곤란한 표정을 지으며 선뜻 대답하지 않았다. 나는 상당히 기분이 상하여 그런 그녀의 태도에 대해 서운함을 느끼고 화가 났다. 내 부탁인데 그 정도도 못 해 주느냐면서 한 마디 쏘아붙이고는 뒤돌아와 버렸다.

기분이 상하여 집에 와 보니 아버지께서 퇴근해 계셨다. 아버지께서는 무척 완고하고 엄하셔서 어머니나 자식들이 당신께 좀처럼 말을 건네기가 어려웠다. 늘 우리들의 고칠 점을 찾아서 훈계하시고 우리들의 생각은 말할 기회를 안 주셨다. 그래서 아버지께는 말이 안 통하므로 그냥 듣고만 있다가 염두에 두지 않고 흘려 버리게 된다. 오늘도 아버지는 내가 집에 들어서는 것을 보시더니 나의 옷차림에 대해 한 마디 하셨다. 한여름이지만 소매 없는 옷을 입고 다니는 것이 단정하지 못하다며 여러 번 반복해서 말씀하시는데, 나는 아무 말도 못하고 눈물만 보이다 방으로 들어가 버렸다. 그러고는 괜히 영희에게 문자 메시지를 보내서 "너 혼자 숙제 잘 해서 좋겠다. 얌체 같으니! 이제 너랑 절교야!" 해 버렸다.

그룹토의

우리는 위의 예에서 상대방과의 인간관계에 따라 각기 다른 의사소통 방식을 보이고 있음을 알 수 있다. 이제 자기 자신을 돌아보면서, 어떤 대상에게 네 가지 의사소통 방식이 각각 나타나는지 생각해 보고 그 대상을 내가 어떻게 받아들이고 있는지를 깊이 살펴보고 그룹원들과 토의한다.

제5장

의사소통을 방해하는 요인 (수업 7주차)

▸ **단원의 목적**

효율적인 의사소통을 방해하는 요인이 되는 자신의 생각을 점검하고 수정한다.

▸ **성취목표**

- 소통에 방해가 되는 자신의 생각 틀을 인식한다.
- 상황에 대한 객관적인 해석 능력이 증가한다.
- 객관적 생각을 통해 감정적인 문제가 해결된다.

이 세상의 모든 것은 소통을 필요로 한다. 기본적으로 우리는 나 자신과의 소통을 원하며 가까운 가족이나 친구들 그리고 사회에서 만나게 되는 사람들과의 소통을 원한다. 소통이 일어난다는 것은 서로 간에 이해가 일어난다는 뜻이며 이해가 일어날 때 사람들은 인정받는다는 느낌과 존중받는다는 느낌을 얻고 이 느낌의 충족을 통해 행복을 느낄 수 있다. 반대로 소통에 문제가 생겼을 때 우리는 답답함과 분노를 느끼며 쉽게 좌절감에 빠지게 되고, 버림받은 느낌과 거리감 또는 이해받지 못하는 느낌을 갖게 된다. 이것은 삶에 큰 스트레스로 작용한다.

제5장에서는 타인과의 의사소통에 장애가 되는 일반적인 요인들을 먼저 간단히 설명하고자 한다. 다음 단계로는 의사소통을 방해하는 중요한 요인으로서, 타인에 대한 이해를 부족하게 만드는 자신의 생각을 점검하고 이를 수정함으로써 보다 효율적이고 성숙한 의사소통을 할 수 있도록 몇 가지 연습들을 제시하였다.

1. 효과적인 의사소통의 장애요인

타인과의 효과적인 의사소통에 장애가 되는 일반적 요인들은 치료자 측면, 대상자 측면, 환경적 측면으로 구분할 수 있다.

1) 치료자 측면의 장애요인

① **의사소통 기술의 결여 :** 의사소통 기술은 그 중요성을 인식하고 계속되는 노력과 많은 경험을 통해 이루어지는데, 의사소통 기술 향상을 위해 적극적인 노력을 하지 않는 경우 치료적 의사소통이 이루어질 수 없다.

예) 치료자가 말을 빠르게 하고 목소리가 작으나, 이를 타고난 경향이라 단정하고 개선할 노력을 하지 않아 대상자가 치료자의 말을 알아듣기 어려워 한다.

② **선입견과 고정관념 :** 치료자의 선입견은 메시지를 간과하게 하며, 고정관념 또한 지각된 메시지에 잘못된 해석을 내리게 한다.

예) 비행 청소년과의 면담을 하는 치료자가 청소년 비행에 대한 부정적인 선입견이 강하면, 대상자의 이야기를 귀담아 듣지 않고 그의 입장을 이해하려 하지 않으면서 무조건 비판하고 훈계하게 된다.

③ **개인이 가지는 인격의 특성, 심리적 복잡성 :** 치료자에게 성격적인 어려움이나 내적 갈등이 있을 경우 대인관계가 억제되어 의사소통의 장애요인이 된다.

예) 치료자가 부부싸움을 하여 힘든 상태에서 상담을 하는 경우, 대상자의 호소에 집중하지 못하고 심한 경우 자신의 감정을 대상자에게 투사하여 괜히 냉정하거나 흥분할 수 있다.

④ **평가적이며 비판적인 태도 :** 치료자의 반응이 평가적이고 비판적일 때, 대상자가 말하는 핵심은 간과하고 대상자의 자유로운 의사표현을 방해한다.

예) 대상자가 부모와의 갈등을 말할 때 치료자가 누구의 잘못인가부터 판단하려 한다면 그 대상자는 치료자로부터 야단맞을까 봐 자신의 이야기를 솔직하게 말하지 못한다.

⑤ **다른 직무로 인한 압박 :** 일에 밀려서 바쁘면 눈앞에 놓인 일부터 먼저 다루게 되고 다른 사람과의 의사소통에 대해 관심이 적어질 수 있다.

예) 간호사가 업무 교대시간이 다 되어서 정리해야 할 일이 많은 상황. 대상자가 우울한 표정을 지으며 면담을 요청할 때, 간호사는 자신의 일정으로 인해 면담을 미루게 된다.

⑥ **언어의 장애 :** 언어가 점점 분화되어 의사소통이 어려워질 수 있으며, 전문용어나 약어의 사용이 장애요인이 될 수 있다.

예) 대상자에게 생소한 'acting out(내적 갈등을 행동화하는 것)', 'PD(personality disorder, 인격장애)'등의 용어를 거리낌 없이 사용하여 대상자가 이해하지 못한다.

⑦ **방어적인 태도 :** 자신에 대한 타인의 느낌을 받아들이지 않는 태도이다.

예) 대상자가 치료자에 대해 불편함을 드러내는데, 이를 인정하지 않고 대상자의 성격적인 문제로만 돌린다.

⑧ **잠재적 의도 :** 자신의 욕구나 목적에 따라 의식적, 무의식적으로 대화를 이끌어 가는 경우를 말한다.

예) 치료자가 이미 대상자의 심리적 동기를 자신의 생각만으로 예상해 놓고, 그에 맞추어 대상자와의 대화를 유도한다.

2) 대상자 측면의 장애요인

① **과거의 경험 :** 자신의 과거경험 때문에 메시지를 왜곡하여 받아들이는 경우로, 대화의 단절을 초래한다.

예) 치료자가 "당신이 힘들어하는 부분에 대해 이야기해 주세요."라고 하였을 때, 대상자가 "그렇게 말해 놓고 나중에 다른 사람들한테 다 떠벌려서 나를 창피하게 할 거죠?"라고 불신한다.

② **선입견과 고정관념 :** 선입견으로 인해 메시지를 거부하거나, 불확실한 정보나 편견으로 형성된 고정관념 때문에 속단하거나 성급하게 단념함으로써 의사소통의 단절이 오게 된다.

예) 청소년의 경우 '어른들은 다 똑같다'는 선입견으로, 말을 꺼내면 자기를 이해하지 못하고 야단 칠 것 같아 치료자에게 아무 말도 하지 않는다.

③ **자기 노출에 대한 두려움 :** 자기를 노출시켰을 때 상대방으로부터 거부당할 것

이라고 생각되면 의사소통이 원활하지 못하게 된다.

예) 사람들을 향해 욕하고 때리고 싶은 마음이 있는데, 이것이 알려지면 자신이 비난받을까 봐 솔직히 말하지 못하고 치료자에게 늘 온순하고 예의 바른 모습만 보이게 된다.

④ **'지금, 여기(Now and Here)'의 의미가 결여됨 :** 의사소통을 흔하게 방해하는 장애물 중의 하나가 과거, 다른 곳, 타인 등에 대한 이야기를 하는 것으로, 이 경우 대화가 실감나지 않고 친밀감을 느낄 수 없게 된다.

예) 대상자가 현재의 자신의 문제보다는 과거에 상처 받았던 것만 반복적으로 언급하거나 자신의 느낌보다는 다른 사람의 반응에 초점을 맞추어 치료적 대화의 초점을 흐린다.

⑤ **지각의 장애 :** 지각의 장애가 있는 대상자는 오해하거나 상처를 받기 쉽다.

예) 청각에 이상이 있어서 잘 알아듣지 못하는 사람의 경우 남들이 자기가 묻는 질문에 대답도 제대로 하지 않는다고 원망한다.

⑥ **표현능력과 이해능력의 부족 :** 대상자에게 의사소통의 기술과 이해능력이 부족한 경우 의사소통이 잘 되지 않는다.

예) 대상자의 어휘력이 부족하여 자신의 복잡한 감정을 말로 표현하지 못하고 무조건 화를 내거나 공격적인 행동을 앞세우게 된다.

⑦ **무의식적인 의도 :** 메시지를 객관적으로 받아들이지 못하고 자신의 자아 개념에만 일치되게끔 메시지를 선택적으로 받아들이거나 왜곡하여 받아들이는 경우이다.

예) 타인이 해주는 칭찬만 귀담아 듣고, 충고는 자신을 잘 몰라서 함부로 말하는 것이라 여기고 무시한다.

3) 환경적 측면의 장애요인

소음, 기온, 분위기 등 외적인 것들이 메시지의 전달을 방해할 수 있다.

예) 너무 더운 날씨, 여러 사람들이 오가는 개방된 공간, 창밖의 공사현장 소음 등

2. 생각의 틀 발견하기

연습 1.

잠시 눈을 감고 떠올려 본다. 지난 주 또는 최근의 관계들을 생각해 보며 나를 이해해 주지 않는다고 생각되는 사람, 내가 이해하기 어려운 사람, 소통하기가 어렵고 답답함이 느껴지는 사람이 누구인지를 적어 본다.

① 이 사람은 ________________ 이다(구체적으로 이름을 적는다).
② 이 사람은 ________________________ 하다(이 사람의 성격에 대해 적는다).
③ 이 사람과 소통이 어려운 이유는 이 사람이 ________________ 하기 때문이다 (이유를 적어 본다).
④ 이 사람 앞에서 소통을 하고 있는 당신 자신을 떠올려 보자. 그때의 당신은 어떤 사람인지를 적어 본다.
이 사람과 대화를 할 때의 나는 _______________ 사람이다.
⑤ 무엇을 찾아냈는가?

예)

① 이 사람은 우리 엄마이다.
② 이 사람은 자식들의 얘기는 듣지 않고 무조건 자신의 주장만 하는 사람이다.
③ 이 사람과 소통이 어려운 이유는 이 사람이 이기적이기 때문이다.
④ 엄마와 다툼이 일어날 때의 나 자신의 모습을 떠올린다.
엄마와 대화를 할 때 나는 엄마 말을 듣지 않고 내 얘기만 하고 있는 사람이다.
⑤ 무엇을 찾아냈는가?
아하! 갈등이 일어날 때 난 엄마랑 똑같이 행동하고 있다.
전혀 엄마의 말을 수용하지 않고 내가 옳다고 팽팽하게 맞서고 있는 내가 있다.
그때의 나는 엄마랑 다를 게 없다는 것을 알게 되었다.
그런데 내 말을 들어달라면서 항상 내가 옳다고 주장하고 있었던 것 같다.

그룹토의

5명 정도씩 그룹을 이루어 각자 소통하기 힘든 사람이 누구인지를 이야기하고 그 사람의 어떤 면 때문에 소통이 어려운지, 나의 어떤 태도 때문에 어려운지를 이야기한다.

아마 연습을 통해 우리는 늘 내 것만 옳다고 주장하며 남의 말을 듣지 않고 고집이 센 상대방의 모습이 또한 당신 안에도 똑같이 존재하고 있음을 발견했을 것이다.

갈등은 서로 같은 성품의 두 사람이 맞서고 있는 데서 비롯된다는 것을 이해하는 순간 우리는 상대에 대한 비난에서 자유로워질 수 있다.

환경적인 요건부터 개인적 조건에 이르기까지 소통을 방해하는 요인은 무수히 많다. 그 중에서 가장 근본적인 요인은 상대를 있는 그대로 바라볼 수 없는 자신의 선입견과 판단들이다. 소통은 단지 말을 전달하는 것이 아니다. 말은 소통의 수단일 뿐이지 목적이 될 수 없다. '소통한다'는 것은 내 생각을 전달하는 동시에 상대방이 나의 생각을 아무런 판단과 충고 없이 있는 그대로 공감하며 받아들이는 것이다. 상대로부터 존중받는 느낌, 상대가 내 말을 경청한다는 느낌만으로도 소통은 충분히 만족스러워진다. 우리가 관계에서 고통을 겪는 것은 상황이나 사실에 있는 것이 아니라 그것을 해석하고 있는 판단과 관점에 의한 것일 뿐이다.

3. 인지 재구조화 작업

위에서도 언급했듯이 인간이 서로 간의 소통을 통해 얻고 싶은 것은 '이해 받음' 즉 수용이다. 나의 감정과 생각이 존중되고 수용되었다고 느낄 때 우리는 상대와 깊은 연대감을 느낄 수 있고, 이때를 완전한 소통이 이루어진 상태라고 할 수 있다.

이 과정에서, 상대를 있는 그대로 이해하고 받아들일 수 없도록 하는 것은 우리가 갖고 있는 판단이나 가치관 또는 관점들이다. 이런 판단들은 결국 자신의 생각으로 구성되어 있으며 우리의 생각이 얼마나 왜곡되어 있느냐에 따라 상대방을 있는 그대로 받아들이기가 힘들어질 것이다.

상대와의 소통이 시작될 때 반드시 개입이 되는 '나의 생각'을 살펴봄으로써 좀 더 객관적이고 있는 그대로의 타인을 이해할 수 있게 된다. 반대로 상대와의 대화 속에서 이미 내가 기존에 갖고 있던 가치관이나 생각들이 떠오르고 내 생각의 틀 안에서 해석을 하게 된다면 우리는 상대의 느낌을 있는 그대로 인정하기보다는 그 내용을 자신의 가치관과 맞추어 봄으로써 선택적이고 왜곡된 방향으로 받아들이게 될 것이다. 즉 상대의 이야기를 듣고 공감하는 것이 아니라 내 안에 있는 생각과 맞는 것만 받아들이고 아닌 것은 판단하고, 충고하는 선택적인 소통을 하는 것이다.

이 장에서의 연습은 상대방과 일어났던 실제 상황들을 객관적으로 다시 돌아봄으로써 그 상황과 사람에 대한 소통에 영향을 끼쳤던 자신의 생각이 무엇이었는지를 찾아보고, 그 생각들로 인해 일어났던 감정들을 새로운 관점에서 재해석하는 데 도움을 줄 것이다.

1) 상황에 대해 객관적으로 해석하는 연습

눈을 감고 잠시 일주일 동안의 일들을 돌아본다. 일주일 중에 혹은 최근에 감정적인 반응을 일으켰던 상황을 떠올려 본다. 그리고 그때의 상황을 사실, 생각, 느낌으로 구분해서 적은 다음 그룹 원들과 함께 나누어 본다.

사실	
생각	
느낌	

다음 예문을 참고하여 여러분 개인의 상황을 해석해 보자.

(1) 어떤 상황이 당신에게 감정적 반응을 일으켰나요? 편하게 이야기해 봅시다.

여행을 가기로 약속한 친구들 일곱 명이 있었는데 갑자기 친구 한 명이 여행 전날 전화를 해서 급한 일 때문에 갈 수 없게 되었다고 했다. 이미 장소도 예약을 했고 음식도 장을 본 상태였으며, 그 애가 빠지면 회비도 부족하게 된다. 그런데 그 애는 갑자기 약속을 바꾸면서도 별로 미안해하지 않는 것 같다. 괜히 모든 책임을 맡은 나만 힘들어져서 짜증이 나고 그 친구가 무책임하다는 생각 때문에 화가 났다. 다시는 그 친구와 여행 가는 일은 없을 것이다. 그리고 이런 계획을 짜는 데 있어 앞으로 절대 나서지 않겠다.

(2) 이 상황을 사실 / 생각 / 느낌으로 구분해서 말해 봅시다.

① 사실은 무엇인가요?

친구들과 여행을 계획하고 음식과 장소 준비를 이미 끝냈는데, 친구 한 명이 여행 전날 전화하여 급한 일이 생겼다며 여행을 갈 수 없다고 얘기했다. 그 친구가 빠짐으로써 회비가 부족하게 되었다.

② 이 상황에 대한 당신의 생각은 무엇입니까?

친구가 너무 무책임하다. 여행은 미리 계획되어 있던 것인데 갑자기 자기 멋대로 변경해 버리는 것에 화가 난다. 친구들끼리의 여행은 별로 중요한 것이 아니라고 생각하는 것 같다. 왠지 좀 무시당하는 기분이다. 난 자기 멋대로 계획을 바꾸는 사람들이 싫다. 다른 사람들을 배려하지 않고 이기적으로 군다는 생각이 든다. 그 친구를 다시 보고 싶지도 않다. 기분이 좋지 않기 때문에 억지로 웃기도 싫다. 내가 왜 이렇게 골치 아파야 하는지 억울하다. 이미 물건도 샀는데 돈이 모자라는 것을 어떻게 채워야 할지 걱정이 된다.

③ 그런 생각을 했을 때 당신의 느낌은?

화가 난다. 짜증스럽다. 속상하다. 억울하다.

2) 관점 바꾸기 연습

① 그 생각이 사실인가요? (예 / 아니오)

② 만약에 당신에게 그 생각이 없다면 그 상황이 어떻게 보일까요?

③ 그 생각이 없는 상태에서 당신의 느낌은 어떤가요?

앞에 적은 당신의 생각을 읽어 본 후 자신에게 다시 질문해 보자. 이 상황에 대한 당신의 생각은 절대로 옳은가? 즉 친구가 무책임하고, 친구들을 무시하고, 이기적인 사람인 것이 사실인가? 이 질문에 대한 답은 **(예 / 아니오)**로만 대답한다.

다음은 위의 상황에 대한 관점 바꾸기의 예이다.

① 그 생각이 사실인가요?

아니오, 꼭 그렇지는 않겠지요. 친구가 일부러 우리를 무시하려고 한 것은 아닐 거예요. 이유를 들어 보니까, 엄마가 갑자기 혈압이 올라서 아마 같이 병원에 가야 했나 봐요. 평소에 그 친구가 이렇게 약속을 깬 적은 별로 없거든요. 이기적이라고 생각한 건 부족한 돈을 채워야 하는 데다 갑자기 일정이 바뀌니까 짜증나고 당황해서 그랬던 것뿐이에요.

② 만약에 당신에게 그 생각이 없다면-이기적이고, 무책임하고, 날 무시하는 친구-그 상황이 어떻게 보일까요?

그 친구도 어쩔 수 없는 사정이 생겼을 뿐이에요. 일부러 우리와의 약속을 어긴 것은 아니겠죠. 그 친구도 무척이나 우리와의 여행을 기대했는데 상황이 이렇게 돼서 속상해하고 있을 것 같아요. 사실 그 아이의 책임은 아닌 거죠. 아하! 이렇게 생각하니 마음이 훨씬 누그러지는 것 같아요.

③ 그 생각이 없는 상태에서 당신의 느낌은 어떤가요?

훨씬 편해졌어요. 화가 나는 것 줄어들고 오히려 그 친구가 더 속상할 거란 생각에 미안한 맘이 드네요.

위의 예문을 통해 상황에 대해 재해석하는 방법을 연습할 수 있다. 먼저 상황을 나열한 다음 **사실 / 생각 / 느낌**으로 나누고 자신에게 세 가지 질문을 다시 던져 보자.

① 최근 당신을 괴롭히는 생각들을 기록해 보자. 그리고 이것이 정말 사실인지를 (예 / 아니오)로 대답하라.
② 일어난 사실만을 아래 표의 '사실'칸에 기록하라.
③ 만약 위에서 기록한 '당신의 생각이 없다'고 가정한다면 이 상황을 어떻게 바라볼 수 있을까? 이것을 표의 '바뀐 생각'칸에 기록하라.
④ 상황에 대해 새롭게 해석했을 때 당신이 느끼는 감정의 변화는 무엇인가? 이를 '바뀐 느낌'칸에 기록하라.

사실	
바뀐 생각	
바뀐 느낌	

우리는 생각들로 인해 감정적인 고통을 경험한다. 우리 앞에 벌어진 상황 자체가 고통스러운 것은 아니다. 단지 그 상황을 어떻게 해석하느냐에 따라 당신의 마음에 갈등과 고통을 일으킨다. 대부분 고통을 일으키는 상황을 다시 돌아보면 우리는 있는 그대로의 상황을 보지 않고 상당히 과장되거나 자기중심적으로 생각하고 있음을 알아차리게 된다.

위의 사례에서처럼 '친구는 이기적이고 날 무시한다'라는 생각을 하게 된다면, 그런 상대방을 만나거나 관계를 이룰 때 마음에 갈등이 일어나고 고통스러워진다. 그러나 상황에 대해 사실적이고 객관적으로 해석할 수 있다면 우리는 감정적인 갈등으로부터 좀 더 편안해질 수 있을 것이다.

상황 자체가 우리에게 문제가 되는 일은 없다. 그 상황에 대한 관점이 우리에게 상처를 준다는 점을 기억하는 것이 중요하다.

이 연습을 통해 자신에게 고통을 주는 상황을 다시 떠올리고 그 상황에 대한 나의 해석이 과장되어 있거나 부정적인 방향으로 기울어져 있는지를 살펴봄으로써 나의 관점을 좀 더 사실적이고 객관적으로 되돌릴 수 있다. 또한 관점의 변화를 통해 우리는 불필요하게 올라오는 고통스런 감정들을 해결할 수 있으며 상대방에 대한 왜곡된 판단들로부터 자유로워질 수 있다.

상황을 있는 그대로 바라보는 시각을 가질 수 있으며 사실과 나의 생각이 서로 엉켜 생기는 혼돈이 정리될 수 있는 것이다. 단지 사실을 사실로 바라보는 연습을 통해서 말이다.

중간고사 과제(교재 1부 내용 정리를 하기 위한 과제)

- 신념탐색을 통한 자아 성찰의 결과를 종합적으로 정리하기
- 에니어그램을 기준으로 자신과 갈등하는 타인의 유형을 파악하고, 갈등 상황에 대해 기술한 후 해결책을 제시하기
- 신념 탐색과 에니어그램을 공부한 소감 작성하기

제6장

비효과적 의사소통 기술 (수업 8주차)

▸ **단원의 목적**

의사소통을 하는 데 있어서 비효과적으로 사용되는 기술들을 살펴보고 지양한다.

▸ **성취목표**

- 타인과의 효과적인 의사소통을 방해하는 대화기술들을 가려낸다.
- 가려낸 대화기술들이 비효과적인 이유들을 설명할 수 있다.

1. 비효과적 의사소통의 실제

비효과적 의사소통 기술이라 함은 타인과의 대화에 있어서 도움이 되지 않는, 오히려 서로의 효과적인 의사소통을 방해하는 기술들이다. 우리는 다른 사람과의 대화를 어렵게 만드는 기술들을 고의로 사용하지는 않는다. 오히려 어떻게 하면 상대방과의 대화가 원활히 이루어지고 서로가 목적하는 바를 이룰 수 있는지를 고민하면서 적절한 대화기술을 사용하려고 노력한다. 그러나 우리가 흔히 생각하기에 '도움이 될 것 같은' 방법들이 오히려 원활한 의사소통을 방해할 수 있다. 그러므로 자신의 대화방식들을 하나하나 점검하면서 그것들이 과연 효과적인지, 비효과적인지를 '상대방의 입장에서' 살펴볼 필요가 있다.

비효과적 의사소통이란 기본적으로 상대방의 이야기를 들으려고 하지 않는 데서 비롯된다. 상대방의 입장에서 그의 감정, 생각과 상황에 대해 귀 기울이기보다는 나의 판단과 욕구를 앞세워 상대방에게 일방적으로 내 생각을 주입함으로써 그를 변화시키려 할 때, 서로의 효과적인 의사소통은 방해를 받는다. 이러한 대화방식이 지속될 때, 상대방은 더 이상 의사소통하려는 시도를 하지 않게 된다. 자신이 이해 받지 못한다고 생각하여 소외감을 느끼며, 스스로 결정하지 못하고 의존적인 성향을 키워 결국 인간적인 성숙을 하지 못하게 된다.

그렇다면 우리가 상대에게 도움이 될 것이라고 착각하여 흔히 사용하는 비효과적인 의사소통에는 어떤 것들이 있을까? 다음에서 제시하는 상황을 읽고, 여러분 스스로 비효과적인 의사소통 기술들을 찾아내는 연습을 해 보자.

그룹토의

1. 중간고사를 봤는데, 밤새 열심히 공부했음에도 불구하고 기대했던 것보다는 성적이 잘 나오지 않아서 실망하고 있었다. 이때 당신 주변의 가까운 사람들(가족이나 친구)이 보였던 일반적인 반응은 어떠했는가? 그리고 그런 반응을 경험하는 당신의 기분은 어떠했는가?

2. 다음은 엄마와 딸의 대화이다. 주어진 상황과 대화 내용을 보고 엄마가 사용하는 대화에서 어떤 것이 비효과적인지 살펴보자. 딸과의 대화에 있어서 엄마의 부족한 점이 무엇인지, 잘한 점이 무엇인지에 대해서도 함께 이야기하자.

오늘은 딸이 학교에서 중간고사를 치른 날이다. 어제 밤늦게까지 열심히 공부했으니 시험을 잘 봤을 것이라고 기대한 엄마는 현관문을 열고 들어선 딸의 시무룩하고 화난 표정을 보고 한마디 한다.

엄마 : 우리 딸, 오늘 시험 잘 봤니? 표정이 어두운 걸 보니 못 본 모양이구나. 왜? 모르는 문제가 많았어? 몇 개나 틀렸는데?
딸 : (대답을 하지 않고 소파에 가방만 던지고 방으로 들어간다.)

엄마 : 왜? 도대체 몇 개나 틀렸기에 그렇게 울상이야? 어제 공부 열심히 한 것 같더니만 왜 그랬을까? 말 좀 해봐.

(딸의 방에 따라 들어가는데, 딸이 책상에 엎드려 울고 있다.)

엄마 : 아니, 왜 울어? 시험 못 봤다고 우는 거니? 괜찮아. 못 볼 수도 있는 거지. 엄마도 학교 다닐 때 시험공부 열심히 했는데 실수로 틀리거나, 미처 못 본 문제 나와서 틀린 경우들 많아. 다음에 만회하자. 우선 틀린 문제들이 뭔지 다시 확인해 보고 다음에는 절대 안 틀리도록 하자. 중간고사는 더 큰 시험을 위한 연습이니까 여기서 배우면 되는 거야. 그렇게 울고 있을 시간에 한 글자 더 보겠다. 너무 속상해하지 마. 뭐 겨우 그거 가지고 우니? 괜찮다니까. 아휴, 네가 우니까 엄마가 야단을 칠 수가 없네. 그만 그쳐. 다음에 더 잘 보면 되지. 그만 뚝!

딸 : (한참 울다가 그치며) 시험 못 본 것 때문에 속상한 게 아니야.

엄마 : 왜? 시험 말고 무슨 일 있었니? 친구들하고 싸웠니? 아니면 선생님께서 야단을 치셨니? 말 좀 해봐라. 엄마가 답답하구나.

딸 : (말하지 않고 화난 표정을 지으며 눈물을 닦고 있다)

엄마 : 너 자꾸 이렇게 말 안하고 인상만 쓰고 있을래? 시험 못 본 것도 아니다, 친구들이나 선생님 때문도 아니다. 도대체 왜 그러는데? 속 시원하게 말 안하면 엄마가 네 친구나 선생님께 전화해 볼 거야. 네가 말을 안 하니까 이유를 모르겠잖아. 세상에, 너는 어릴 때부터 말도 잘 안하고 울기만 하더니 언제까지 이럴 거야? 네가 말 안 하면 남들이 네 속을 어떻게 알아? 어서 말해보라니까. 넌 혼자 끙끙 앓는 그게 문제야.

딸 : 엄마, 제발 날 좀 내버려둬. 나도 생각할 시간이 필요해. 엄마가 자꾸 옆에서 캐물으니까 내가 더 힘들어. 엄마는 내 맘도 모르면서 왜 자꾸 괴롭혀?

엄마 : 엄마가 얼마나 네 마음을 알아주려고 애쓰는데, 너는 서운하게 그런 말을 하니? 내가 너를 괴롭히다니……. 도대체 내가 너에게 못해 준 게 뭔데? 얘가 괜히 밖에서 기분 상해 와서 나한테 화풀이하네. 내가 너 때문에 바친 시간과 노력이 얼마나 많은데, 나한테 그런 말을 하니? 정말 서운하다, 서운해.

딸 : 엄마, 나는 단지 내가 생각을 정리할 시간이 필요한 거야. 그러고 나서 엄마에게 말해도 늦지 않잖아? 그런데 엄마가 그렇게 흥분하면 내가 더 신경 쓰이잖아. 사실, 오늘 오다가 초등학교 동창을 만났는데, 그 아이가 나에게 고등학생이 되더니 살이 심하게 쪘다면서 나를 비웃는 것 같이 말하잖아. 초등학교 때는 내가 자기보다 더 예쁘고 날씬했는데, 이제는 자기가 나보다 훨씬 낫다는 식으로. 사실 그때는 내가 그 애보다 더 인기 있고 예쁘다고 남들이 말했는데, 오늘 보니까 그 애는 고등학생인데도 멋 부리고 외모에 신경 쓰는지 교복도 세련되게 입었더라고. 그냥 그것까지는 괜찮은데, 다른 친구들 있는데서 나한테 그렇게 노골적으로 말하니까 기분이 나빴어.

엄마 : 그래? 걔가 그렇게 말했어? 그래서 너는 뭐라고 했는데?

딸 : 그냥…… 공부만 하다 보니까 이렇게 됐는데, 나중에 대학 가면 다시 예전 모습으로 돌아갈 거라고 쏘아붙였지. 그래도 기분이 안 좋아.

엄마 : 그래, 말 잘했다. 네 생각이 맞아. 지금이 어느 땐데 외모에 신경을 쓰니? 그냥 열심히 공부만 해. 나중에 대학 가면 멋쟁이가 되도록 엄마가 도와줄게. 그리고 넌 원래 예쁘게 생겨서

고칠 데도 없고, 피부도 좋으니까 반드시 걔보다 더 세련되고 예쁘게 될 수 있을 거야. 너무 마음 쓰지 마. 지금은 그냥 공부에만 전념하는 거야. 알겠지? 우리 시험도 끝났으니 기분 전환할 겸 엄마랑 영화나 보러 갈까? 엄마와 딸이 함께 보면 좋은 영화가 나왔더라. 영화 보면서 속상한 기분 다 잊는 거야.

▸ 주어진 상황과 대화 내용을 보고 엄마가 사용하는 대화에서 어떤 것이 비효과적인지 살펴보자. 딸과의 대화에 있어서 엄마의 부족한 점이 무엇인지, 잘한 점이 무엇인지에 대해서도 함께 이야기하자.

2. 비효과적 의사소통 기술

우리가 상대방에게 도움이 되리라 생각해서 쉽게 사용하지만, 실제로 대화를 방해하거나, 의도와는 다르게 효과가 없는 의사소통 기술은 다음과 같다.

1) 폐쇄적인 질문을 사용하여 꼬치꼬치 캐묻기

폐쇄적인 질문이란 상대방이 '예 / 아니오'로만 대답하도록 하는 질문이다. 이는 상대방의 다양한 표현을 방해하는 것이고, 말하는 사람이 자신의 생각을 내세우는 것으로 보일 수 있다. 또한 꼬치꼬치 캐묻는 것은 상대방에 대한 진정한 관심보다는 사건 자체에 대한 흥미를 갖고 있는 것으로 보일 수 있으며, 상대방이 심문 받는 느낌이 들 수 있으므로 자제해야 한다.

폐쇄적 질문 중에 '왜'를 이용한 집요한 질문들 역시, 대상자가 이에 대답하기 위해 말을 만들고 변명할 우려가 있으므로 가능하면 사용하지 않도록 한다.

예) "오늘은 기분이 좋으십니까?"

2) 스스로 짐작하여 단정 짓기

이는 상대방을 나의 생각과 기준을 통해 함부로 단정 지음으로써, 상대방이 이해받지 못한다고 느끼게 한다.

예) "오늘 표정이 어두운 것을 보니 어제 내가 한 말에 기분 상했나 보군."

3) 지나친 칭찬과 동의하기

상대방의 의견에 고개를 끄덕이면서 동의하는 것과 막연한 칭찬을 남발하는 것은 판단의 기준이 상대방이 아닌 나에게 있음을 나타내며, 결국 상대방이 자신의 판단이 아닌 나의 눈치를 보며, 나의 기준에 맞추도록 하는 결과를 초래한다. 상대에 대한 칭찬은 막연한 것이 아니라 구체적인 점에 대한 표현이어야 하며, 상대방의 의견에 동의하는 것은 신중해야 한다.

예) "생각 잘 하셨어요."
"그림을 참 잘 그리셨네요."
"당신 생각이 옳아요."

4) 성급하게 상대방의 의견에 반대하기

숙고하지 않고 반사적으로 상대의 의견에 반대되는 말을 한다면, 상대방은 자신의 의견이 아니라 자신의 존재 자체를 거부당했다고 오해할 수 있다.

예) "난 당신과 생각이 달라요."
"그건 아닌 것 같아요."

5) 판단하고 비난하기

"그건 당신이 잘못한 거예요."

"그런 말을 하는 걸 보니 당신이 어리석었군요."

이러한 말들 역시 판단의 기준이 상대방이 아닌 나에게 있음을 나타내며, 상대를 위축하게 만들고 스스로 판단하지 못하게 하는 결과를 초래한다.

6) 명령하기

상대방에게 명령조로 말하는 것은 내가 상대방보다 우월한 위치에 있음을 암시하는 것이므로, 이는 상대방이 존중받는다는 느낌을 갖기 어렵다.

예) "이제 그만 생각하고 행동으로 옮기세요.", "이제 절대 같은 실수를 반복하지 마세요."

7) 강요하기

상대방의 기분이나 입장을 고려하지 않고 나의 요구만을 강요하는 것은 상대방을 무시하는 증거이며, 상대방으로 하여금 더욱 위축감을 느껴 반발심이 생기게 한다.

예) "내가 여러 번 말하지만, 제발 그 아이에게 친절하게 대해 주세요."

8) 경고하고 협박하기

조건을 달고 상대의 약점을 잡아서 협박하는 것은 서로 동등한 관계가 아님을 나타내는 것이며, 상대방을 불안하게 한다.

예) "앞으로 한 번 더 그런 말을 하면 너랑 친구 안 할 거야."

9) 충고하고 해결방안 제시하기

상대방이 충분히 스스로 고민하지 않은 상태에서 일방적으로 충고하고 해결책을 제시하는 것은 상대가 혼자 문제를 해결할 수 있는 능력을 방해하는 것이고, 문제가 해결되었다 하더라도 성취감, 자존감을 못 느끼게 하며, 문제 해결에 실패했을 때 스스로 책임을 회피하게 된다. 또한 이는 상대로 하여금 의존적이 되도록 만드는 의사소통 기술이다.

예) "그 사람이 그렇게 말하면 그냥 가만히 듣고만 있는 게 나을 거예요.", "당장 그를 찾아가서 미안하다고 사과하는 게 어떨까요?"

10) 표현한 감정을 가볍게 넘기기

상황을 본인이 어떻게 받아들이느냐에 따라 느낌의 종류와 강도는 다르다. 내가 느끼는 것을 남도 똑같이 느낄거라고 생각한다면 그것은 큰 착각이다. 사람마다 받아들이는 정도가 다르므로 상대의 감정 표현을 나의 기준으로 판단하여 넘기는 것은 상대방이 자신의 감정을 솔직히 표현하는 것을 방해하고 무시당했다는 느낌을 줄 뿐이다.

예) "뭘 그것 갖고 기분이 나쁘니? 너무 예민하네."

11) 화제 바꾸기

내가 상대의 이야기를 부담스러워 하거나, 상대방에게 관심을 충분히 기울이지 않는 경우에 화제를 바꿔게 된다. 이는 상대방에게 자신이 거절당했다는 느낌을 주어 이야기할 의욕을 꺾게 된다.

예) "이제 그런 얘기는 그만하고, 어제 만났던 친구 이야기나 해보자."

12) 안심시키기

확실한 보장 없이 막연히 상대방을 안심시키는 말을 하는 것은 상대방보다는 오히려 나의 불안을 제거하여 안심하기 위한 방법일 뿐이다. 또한 상대방이 불안을 호소하는 것을 더 이상 듣고 싶지 않다는 의미로 보일 수도 있다. 섣불리 상대를 안심시켜 상대의 실망과 걱정에 대한 이야기를 차단하는 것보다는 오히려 그런 표현을 더욱 격려하는 편이 낫다.

예) "당신은 점점 더 좋아질 거예요. 너무 걱정하지 마세요."

13) 자신이나 자신이 속한 집단을 방어하기

상대방이 나와 내가 속한 집단에 대해 불만을 표시할 때, 방어적인 자세로 변명을 한다고 하여 상대방의 불만이 없어지는 것이 아니다. 오히려 상대가 그의 불편한 생각을 말하도록 격려하고 잘 들어주면서 상대의 기분을 공감하는 것이 필요하다.

예) "내가 너를 위해 얼마나 노력하는지 아니?", "당신이 치료 받고 있는 이곳 의료진들은 모두 유능하고 친절하답니다."

14) 일반화하기

모두가 당연히 그럴 것이라는 일반화된 생각은 개인의 특이성, 개별성을 부인하는 것이다. 사람마다 느끼는 것, 생각하는 것, 받아들이는 것이 다를 수 있음을 명심하고 그것을 존중하는 태도가 필요하다.

예) "그런 말을 들으면 당연히 누구나 기분이 나쁘겠지요."

15) 습관적이고 상투적인 반응하기

일상적으로 흔히 하는 습관적이고 상투적인 말은 두 사람 간의 의미 있는 대화에 도움이 되지 않는다. 오히려 상대에 대해 성의가 없어 보일 수 있다.

예) "오늘 날씨 참 좋죠?", "오늘 당신과 이야기 나눠서 즐거웠어요."

이상으로 의사소통을 하는 데 있어서 흔히 하기 쉬운 비효과적인 의사소통의 기술들을 살펴보았다. 우리는 다른 사람과 대화를 할 때 나의 표현과 태도가 상대방의 자유로운 의사표현을 막지는 않는지, 상대방이 무시당한다고 느끼게 하지는 않는지 그리고 상대방을 의존적으로 만들지는 않는지를 잘 살펴보아야 할 것이다. 그리하여 나의 기준을 갖고 상대방과 대화하고, 내 생각을 주입시키기보다는 상대방의 입장에서 그의 이야기에 보다 더 귀 기울이고, 상대방이 온전히 받아들여지고 있다는 느낌을 갖도록 노력해야 한다.

그룹토의

나의 일상적인 대화 패턴을 잘 살펴보고, 최근에 있었던 경험을 중심으로 내가 습관적으로 사용하는 비효과적인 의사소통 기술에는 어떤 것들이 있는지 점검한 뒤 그룹원들과 이야기해 본다.

☞ 앞의 비효과적 의사소통의 실제에서 엄마와 딸의 대화 중, 엄마가 보인 비효과적 의사소통은 다음과 같다 : 엄마는 딸로부터 개방적인 질문을 통해 다양한 표현을 듣지 못하고, 지레 짐작하고 단정하여 딸의 자유로운 표현을 방해하였다. 엄마의 대화 방식은 일방적이고, 상처받은 딸을 마음을 헤아리기보다는 대안을 성급하게 내어놓고, 문제를 덮으려고 하는 방식으로 대화를 했다.

이 외에도 엄마가 보인 비효과적 의사소통을 찾아서 토의해 보자.

제7장

효과적 의사소통 기술 Ⅰ : 경청 (수업 9주차)

▸ **단원의 목적**

효과적인 의사소통의 기본적인 기술인 올바른 경청 자세를 습득한다.

▸ **성취목표**

- 올바른 경청 자세가 무엇인지를 학습한다.
- 경청 연습을 통해 올바른 경청 자세를 가진다.

의사소통은 한 사람이 일방적으로 자신의 의견을 내세우는 것이 아니라 상대방과 내가 어떤 주제, 감정, 생각, 또는 일에 대해 서로 교류하며 나누는 것이다. 이런 교류를 위해서는 상대방의 의사표현을 잘 이해하는 것이 필수이다.

경청은 의사소통의 가장 기본이 되는 기술로써 서로 간의 친밀감을 형성하고 서로 신뢰하는 관계를 유지하는 데에 가장 중요한 역할을 한다. 상대방의 이야기를 있는 그대로 들어 주는 것만으로도 치료가 일어나고 서로 간의 관계의 질이 향상될 수 있다. 상대방의 말을 잘 들을 때 우린 상대방에 대해 더 분명하게 이해할 수 있고 서로의 마음을 느끼고 존중해 줌으로써 자연스럽게 친밀한 관계를 맺게 된다.

또한 경청은 상대방을 존중하는 마음의 표현이라고 할 수 있다. 즉 우리가 상대방과 대화하는 동안 나 자신의 관심이나 생각, 느낌을 잠시 내려놓고, 상대방에게 집중하여 그를 진정으로 이해하고 공감하겠다는 의지의 표현이다. 대부분의 사람들은 상대방이 자신의 이야기를 끝까지 잘 들어 주기만 해도 스스로의 문제를 해결할 수 있다.

1. 상대방의 이야기를 잘 들어주지 않는 자세

- 상대방에게 시선을 고정하지 않고 여기저기 둘러보며 이야기를 듣는다.
- 눈을 마주치지 않는다.
- 딴 짓을 하거나 손이나 발을 자꾸 움직여 주의를 산만하게 한다.
- 이야기를 듣는 중간에 이야기를 자른다.
- 자신의 경험을 이야기한다.
- 상대의 이야기를 자신의 기준으로 판단하고 옳고 그르다는 비판적인 대답을 한다.
- 딴생각을 하느라(특히 대답할 말을 생각하느라) 상대방의 말을 놓치고 거의 반응하지 않는다.

2. 상대방에게 집중하는 연습

사람들과 소통할 때 우리는 상대의 이야기를 듣고 있지만 동시에 머릿속에 떠오르는 자신의 생각과 감정에 집중함으로써 타인의 이야기를 놓치는 경우가 많다. 이 연습은 상대와 대화를 할 때 떠오르는 자신의 생각을 알아차리고, 다시 의도적으로 상대방의 이야기에 집중을 하기 위한 훈련이다.

연습 1.

목적은 상대방을 바라볼 때 떠오르는 자신의 생각들을 알아차리고 의도적으로 바라보기에 집중함으로써 상대방에게 몰입하는 데 있으며, 방법은 다음과 같다.

① 두 사람이 서로 마주 앉는다.
② 서로 아무 말 없이 1분간 상대의 눈을 쳐다본다.
③ 웃거나 이야기하지 않고, 눈을 피하지도 말고 상대를 바라본다.

그룹토의

이 연습 후 느낀 점을 이야기해 보자. 이때 진행자는 사람들에게 무엇을 했는지를 다시 물어 본다—상대의 눈을 쳐다보았는지? 아니면 무안하고 지루하다는 자신의 생각에 빠져 있었는지?

이 연습에서 사람들은 아주 다양한 반응을 일으킬 것이다. 1분간 침착하게 상대방의 눈만 바라보고 있는 사람은 거의 없다. 대부분 쑥스럽거나, 당황하거나, 웃음이 터져서 상대의 눈을 똑바로 바라보지 못한다. 서로의 눈을 쳐다보는 것은 어색함을 일으키는 행위이기 때문이다.

이렇듯 상대를 바라보는 것이 어색하고 힘들게 느껴지는 것은 바로 상대의 눈을 보면서도 결국 자신의 생각에 빠져 있었기 때문이다. 무안하고 당황스럽다는 자신의 생각에 빠져서 앞에 앉은 상대의 눈을 있는 그대로 바라볼 수 없었던 것이다.

연습 2.

이제 다시 상대의 눈을 바라본다. 자신의 생각에 관심이 기울어질 때마다 의도적으로 관심을 다시 상대의 눈으로 향한다.

① 서로 마주 앉는다.
② 상대의 눈을 쳐다본다.
③ 상대의 눈을 보는지 아니면 자신도 모르게 생각으로 집중되는지를 관찰한다. 웃음이 나오고 민망하다는 생각이 들면 알아차리고, 다시 상대 눈으로 관심을 집중한다. 다시 또 생각으로 관심이 기울어지면 알아차리고 관심을 상대의 눈으로 돌린다.
④ 1분이 지나면 끝낸다.

그룹토의

이전의 연습과 비교해서 무엇을 알아차렸는지, 그리고 느낌은 어떠했는지 함께 토의한다.

3. 경청을 위한 자세

- 상대방의 눈을 바라보며 이야기를 듣는다.
- 상대방을 향해서 몸을 기울여 앉는다.
- 상대방의 이야기가 끝나기 전에 끼어들지 않는다.
- 고개를 끄덕인다.
- 대화의 중간에 음성적으로 반응을 나타내 준다.
  예) "응, 그렇구나.", "맞아, 그럴 수도 있겠네."
- 상대방의 말을 요약하거나 중요한 단어는 한 번 더 말해주는 등 상대방의 말을 잘 듣고 있음을 공감적 반영을 통해서 알린다.
  예) "~했다는 말이구나.", "그래서 ~했다는 거지?"
- 이해가 안 되거나 더 깊은 감정에 다가가기 위해 적절히 질문을 던진다. 그러나 질문이 말의 흐름을 끊을 수 있다는 사실을 먼저 생각해야 한다.

연습 1 : 자신의 내면에서 올라오는 소리 경청하기

경청이란 타인의 이야기를 자신의 판단이나 기대나 선입견이 없이 있는 그대로 듣는 것이란 것을 위에서 배웠다.

경청은 타인을 이해하고 공감하기 위해 하는 훈련이지만 가장 기본적으로는 자신 안에서 올라오는 반응들을 알아차리고 관찰하는 훈련이라고도 할 수 있다.

우리가 상대방과 관계를 형성할 때 있는 그대로 그 사람을 이해하고 알아차리기 어려운 가장 큰 이유는 우리 안에 이미 만들어져 있는 판단과 선입견의 틀 때문이다.

이것은 내 앞에 있는 사람을 진실되게 있는 그대로 바라보고 경험할 수 없게 만든다.

다음은 상대방을 떠올리며 자신의 내면에서 올라오는 소리들을 경청하는 훈련 방법이다. 이 훈련의 목적은 내가 상대방을 향해 던지고 있는 판단들은 실제 그 사람이 그러한 사람이기보다는 내 안에서 만들어지고 있는 판단의 틀임을 이해하는 데 있다.

① 먼저 천천히 호흡을 한다. 깊고 아주 천천히 복식호흡을 한다.
코로 깊게 숨을 들이쉬고 이때 배가 나올 수 있도록 한다. 다시 천천히 코나 입으로 숨을 내 쉬면서 마음을 편안하게 만든다.

② 갈등이 있거나 마음에 불편함을 일으키는 사람의 얼굴을 떠올린다.

③ 그 사람의 얼굴을 가능한 놓치지 말고 그대로 계속 떠올리면서 자동적으로 내 가슴에서 올라오는 소리들을 듣는다.

④ 이 소리들이 사실인지, 아니면 단지 내 판단에 의한 소리인지 알아 차린다.

예)

① 갈등상태에 있는 엄마의 얼굴을 떠올린다(떠올리니까 괴롭고 떠올리기 싫다 그래도 의지를 써서 엄마의 얼굴을 떠올리려 애쓴다).

② 그때 마음에서 올라오는 소리를 듣는다.
"싫다.", "너무 간섭한다.", "정말 날 힘들게 한다.", "불쌍하다.", "너무 이기적이고 자신의 뜻대로 날 휘두르려 한다." 등등

③ 알아차린다.
이 모든 소리들이 엄마 자체를 나타내는 것이 아니라 내 내면에서 올라오고 있는 판단들이라는 것을 알아차린다.

④ 내 내면의 소리들을 경청하는 법을 배운다.

연습 2 : 경청하기

① 세 사람씩 짝을 지어 앉는다.

② 한 사람은 말하는 사람 / 한 사람은 들어 주는 사람 / 한 사람은 관찰자의 역할을 맡는다. 이 세 역할은 한 번씩 돌아가게 된다. 따라서 한 사람이 세 가지 역할을 다 하게 된다.

③ 첫 번째 사람이 약 2분 동안 지난주에 겪었던 일 중 기억에 남는 일이나 재미있었던 일을 이야기한다.

④ 두 번째 사람은 가능한 건성으로 이야기를 듣는다. 즉 비경청적인 자세로 듣는다.

⑤ 관찰자는 말을 하지 말고 두 사람의 태도와 표정을 관찰, 기록만 한다.

⑥ 2분이 지나면 이번엔 첫 번째 사람이 조금 전에 했던 이야기를 반복한다.
⑦ 듣는 사람은 처음과 달리 경청하는 자세로 집중해서 이야기를 듣는다.
⑧ 관찰자는 이번에도 두 사람의 표정과 태도, 감정 변화를 관찰한다.

경청을 할 때는, 다음의 체크 리스트를 참조하여 바람직한 경청 자세를 취한다.

바람직한 경청 자세	체크	바람직하지 않은 경청 자세	체크
거리는 적당한가요?		팔장을 끼거나 다리를 꼬았나요?	
마주보거나 사선으로 앉았나요?		중간에 말을 자르고 있나요?	
눈을 적절히 맞추고 있나요?		상대 이야기에 답을 주려하나요?	
대화 중 음성적 반응을 적절히 하고 있나요?		충고하는 말을 하고 있나요?	
적당히 고개짓으로 반응하나요?		자신의 경험이나 이야기를 더 많이 하고 있나요?	
적절한 표정으로 반응하고 있나요?		너무 긴장하거나 대화 내용과 맞지 않는 표정을 짓고 있는가요?	

다음은 연습 2에서의 경험을 되돌아보며 다음의 표를 완성한다. 아래의 표를 완성하는 방법 외에 독서카드를 이용하여 관찰자, 청자, 화자가 각각 상대에 대한 소감을 적은 후 당사자에게 전달하여 피드백을 주고받는다.

1) 말하는 사람의 입장에서

상대방이 잘 들어줄 때 느껴진 감정	
상대방이 성의 없이 들을 때 느껴진 감정	

2) 관찰자로서

듣는 사람이 말을 잘 들어줄 때 말하는 사람의 반응	
듣는 사람이 말을 잘 들어주지 않을 때 말하는 사람의 반응	
듣는 사람의 바람직한 경청자세	
듣는 사람의 바람직하지 않은 경청 자세	

3) 듣는 사람 입장에서

내가 상대방의 말을 잘 들을 때의 느낌	
내가 상대의 말에 판단을 내리고 의견을 내세울 때의 느낌	

▸ 경청 훈련을 통해 느낀 소감을 적는다.

경청을 위한 과제

거울을 통해 자기 얼굴을 1분간 바라보며 떠오르는 생각이나 느낌을 알아차린다. 이 작업을 2~3차례 반복한 후 생각이나 느낌을 기록한다.

제8장

효과적 의사소통 기술 Ⅱ : 공감 (수업 10, 11주차)

▸ **단원의 목적**

효과적 의사소통 기술 중에 가장 중요한 기술 중 하나인 공감에 대해 이해하고 올바른 공감 능력을 발전시킨다.

▸ **성취목표**

- 공감의 원칙에 대해 학습한다.
- 공감적 반응을 이해하고 훈련한다.
- 공감의 수준을 이해한다.

공감이란 상대방의 느낌을 함께 느끼는 것을 말한다. 즉 상대방이 경험하는 기쁨과 슬픔, 좌절, 분노, 불안, 혼돈의 감정을 마치 나의 감정인 것처럼 느끼는 것이다. 그러나 상대방의 감정을 자신의 것으로 느끼면서도 자신의 감정과 관련시켜 혼돈하지 말아야 공감적 이해가 가능하다.

공감이 올바르게 이루어지면 상대방과의 깊은 연결성이 느껴지면서 서로 간에 진실하고 판단이 개입되지 않은, 효과적인 소통이 이루어진다. 즉 공감적 피드백은 상대방의 행동이나 생각이 내 마음에 들지 않고 나의 기준과 많이 다르다 해도 그 사람의 입장에서라면 충분히 그럴 수 있으리라고 이해하면서 듣는 것이다. 다시 말해 상대의 말이나 행동에 무조건 동의해야 하는 것은 아니다.

상대방의 사실적 경험, 생각, 느낌, 기대와 희망 그리고 욕구 등 내면세계가 명료해지고 이를 자유롭게 탐색하게 되면 상대방은 마침내 자신의 감정이 있는 그대로 받아들여지고 있음을 경험하게 된다. 이렇게 될 때 서로가 서로에 대해 배우며 성장할 수 있다.

공감을 할 때는 주의를 온전히 상대방에게 집중해야 한다. 모든 관심의 초점이 상대방에게 맞춰져야 한다. 상대방과 대화하면서 나의 불안, 걱정, 감정, 바라는 것 등에 마음을 두고 있으면 상대방은 자신이 받아들여지고 있지 않음을 느끼게 된다.

1. 공감적 반응의 원칙

다음은 일반적으로 공감적 피드백(대답하기) 시 지켜야 할 몇 가지 규칙이다.

1) 즉각성

즉각성이란 시간을 지체하지 않는 것이다 상대방의 말을 이해했다면 너무 지체하지 말고 공감적 피드백을 하는 것이 좋다. 시간이 지날수록 대답하기의 영향력은 줄어든다.

예를 들어, "어제 남자 친구랑 싸웠는데 너무 힘들어."라고 말한 친구에게 이틀이나 지난 후에 "네 남자 친구랑 싸웠다는 말을 생각해 봤는데……."라고 새삼스럽게 이야기하는 것은 그 효과가 떨어진다.

그러므로 대화 중에 상대방의 말에 즉시 대답하는 것이 중요하다.

2) 일치성

당신이 느끼는 진정한 반응뿐 아니라 보이고 싶지 않은 부정적 느낌까지 정직하게 보여 줌을 의미한다.

예를 들어, 당신이 상대방에게 잘못했다고 생각하지만 위협을 느껴서 그 마음을 표현하기 쉽지 않다고 하면 이 감정까지도 솔직하게 피드백 할 수 있어야 한다.

"내가 잘못했다는 것을 알고 너에게 사과하고 싶었지만 혹시 내 사과를 받아들이지 않고 더 화를 낼까 봐 걱정되고 두렵기도 해서 많이 주저했어."라고 하는 것이다.

나의 마음 안에서 일어난 것까지 이야기하는 것이 정직한 피드백이다.

3) 지지

정직한 피드백을 한다는 이유로 상대방의 마음에 상처를 주어서는 안 된다는 의미이다. 부정적인 의견을 표현할 때는 상대방의 자존심을 상하게 하거나 약점을 이용하거나 위협적인 용어를 사용하는 대신, 상대를 존중하면서 부드럽게 표현하는 방법을 찾아야 할 필요가 있다.

예를 들어, “하고 싶은 일도 없고 기운도 없고 요새 같아서는 다 포기하고 싶어요. 제가 아무래도 능력이 모자란 일을 시작한 것 같아요.”라고 말했을 때, “일이 뜻대로 잘 진행되고 있지 않아서 무척 스트레스를 받고 있군요. 자신의 능력에 대해서도 회의가 오고요. 지금 상태를 견디는 것이 쉽지 않을 거예요. 당장은 차라리 포기하는 것이 나을 것 같다는 생각뿐이겠지만, 지금 결정을 내리는 것보다 시간을 좀 두고 더 생각해 보는 것이 어떨까요?”하는 것이다.

상대방의 입장에서 생각하고 대답하면 진정한 공감적 대답이 가능하다.

2. 공감 경험하기

1) 가급적 피해야 할 반응

자신의 의견, 느낌을 강요하기. 또는 자신의 경험에 비추어 충고하기.

예) 친구 1 : 남자 친구랑 헤어지고 나서 너무 힘들어. 잊으려 해도 자꾸 생각나고 즐겁게 지낸 시절이 그리워.

⇒ 친구 2 : 뭘 그렇게 헤매니? 남자가 그 애 밖에 없어? 세상에 절반이 남자야. 그런 애는 빨리 잊어. 다른 애 하나 소개시켜 줄게.

질문. 당신이 친구 1이라면 어떤 마음으로 이야기를 했을까? 그리고 친구 2의 반응에 기분이 어땠을까?

2) 이상적 공감

상대방이 스스로 표현할 수 있는 것보다 더 깊은 내면의 감정을 표현하면서 의사소통을 하는 수준으로, 상대방으로 하여금 이전에는 표현할 수 없었던 감정을 경험하게 한다.

예) 친구 1 : 남자 친구랑 헤어지고 나서 너무 힘들어. 잊으려 해도 자꾸 생각나고 즐겁게 지낸 시절이 그리워.

⇒ 친구 2 : 네가 남자 친구랑 헤어지고 나서 많이 힘들구나. 헤어지니까 쓸쓸

하기도 하고, 왜 그랬을까 후회스럽기도 하고, 혼란스럽고 허전하기도 할 것 같아.

질문. 당신이 친구 1이라면 어떤 마음으로 이야기했을까? 그리고 친구 2의 반응에 기분이 어땠을까?

3. 공감의 수준

상담자는 대상자의 감정을 직감적으로 잘 알아차리고 그 다음 자신이 공감한 내용을 다시 대상자에게 전달하게 된다. 상담자가 표현하는 정확하고 적절한 공감 반응은 서로 간의 대화를 순조롭고 깊이 있게 만들지만, 부적절하거나 형식적으로 사용된 공감은 상대의 반감을 불러일으킬 수 있다.

보통 우리가 표현하는 공감은 기본적 수준의 공감과 심화된 수준의 공감으로 나뉜다.

1) 기초 수준

기초 수준은 상대가 이미 표현한 감정을 다시 되돌려 주는 수준의 반응이다. 실제로 상대의 표현 감정을 정확히 이해하여 반응을 하기는 하지만 보다 깊은 내면의 감정에는 반응하지 못하는 수준이다. 보통 상대의 말을 그대로 사용하여 되돌린다 하여 이것을 "앵무새요법"이라고도 부른다. 이때 상대가 느끼는 감정을 함께 느끼며 전달하는 것이 중요하다.

예 1) 철수 : 전 잘하는 게 하나도 없는데 학교에서 누가 나랑 놀고 싶어 하겠어요. 집에서도 아빠는 제가 학교에 적응을 못하니까 포기하신 것 같아요. 아무 말도 없으시고 엄마는 저 때문에 속상해서 밥도 안 드시고.
⇒ 기초 수준의 공감 : 학교에서 친구들하고도 어울리기 힘들고 부모님이 속상해하시니까 네 자신이 너무 힘들겠구나.

예 2) 영희 : 어제 친구가 약속 시간에 늦게 나오고, 차는 늦게 오고, 정말 짜증났어.
⇒ 기초 수준의 공감 : 어제 친구도 늦고 차도 안 오니 짜증스러웠겠다.

2) 촉진 수준

촉진 수준의 공감은 상대가 스스로 표현한 것보다 더욱 내면의 감정을 표현하면서 의사소통을 하는 수준이다. 그 결과 상대가 이전에는 표현할 수 없었던 감정을 표현하거나 경험할 수 있게 되고, 의사소통이 보다 촉진된다. 이때 상대가 말하는 것 속에 들어 있는, 스스로가 알아차릴 수 없었던 기대감과 욕구를 잘 살펴서 읽어 주면 상대는 상담자가 자신을 깊이 이해하고 있다는 공감 반응을 일으킨다.

예 1) 철수 : 반에서 공부 잘 하는 아이들과 어울리면 제 공부에도 도움이 되겠지만, 전 잘하는 게 하나도 없는데 누가 나랑 놀고 싶어 하겠어요. 집에서도 아빠는 제가 학교에 적응을 못하니까 포기하신 것 같아요. 아무 말도 없으시고 엄마는 저 때문에 속상해서 밥도 안 드시고.

⇒ 촉진 수준의 공감 : 똑똑한 친구들과 어울리면서 공부도 잘 하고 부모님도 기쁘게 해드리고 싶은데 (대상자가 마음속에 갖고 있는 기대와 욕구 알아차리기) 상황은 그렇지 못하니 얼마나 좌절감이 드니?

예 2) 영희 : 어제 친구가 약속 시간에 늦게 나오고, 차는 늦게 오고, 정말 짜증났어.

⇒ 촉진 수준의 공감 : 오랜만에 만난 친구라 정말 기다려지고 설레었는데 (상대가 갖는 기대감 알아차리기), 친구도 늦게 오고 차도 막히고 어제 너무 짜증났겠다.

촉진적 소통에서는 상대가 표현하고 있는 감정들 속에 들어 있는 좌절된 욕구나 기대감을 이해하는 것이 중요하다. 부정적인 감정은 자신 안에 있는 기대감들이 충분히 만족되지 않았을 때 일어나는 것이다. 즉 기대가 없다면 감정적인 반응은 없다.

철수가 부모님에 대해 속상한 것은 철수 안에 부모님께서 만족스러워하는 아들이 되고자 하는 기대감이 있기 때문이며, 친구들과 어울리지 못하는 것이 불편한 것 역시 친구들과 누구보다도 잘 어울리고 인정받고 싶은 욕구가 있기 때문이다.

이렇게 겉으로 드러나 있지는 않지만 사람의 마음 안에 숨겨져 있는 욕구와 기대를 잘 살펴서 인정하고 표현할 때 서로 간의 관계가 편안해지고 이해도 높아질 것이다.

3) 공감의 수준을 보다 세분화하여 연습하기

앞에서는 공감의 수준을 크게 기초 수준과 촉진 수준으로 나누었다. 여기서는 이를 더 세분화하여 수준을 살펴보자.

① 공감 수준 1 : 상대방에게 주의를 기울이지 않아, 표현된 감정을 완전히 무시하는 수준.
② 공감 수준 2 : 상대방이 표현한 감정에 반응은 하지만 중요한 사항은 빼고 말함.
③ 공감 수준 3 : 상대방이 표현한 감정, 정서와 같은 의미의 의사소통을 함.
④ 공감 수준 4 : 상대방이 표현한 것보다 더 내면적인 감정 표현을 인식하고 의사소통함.
⑤ 공감 수준 5 : 상대방이 표현하려 한 내면의 의미를 정확히 알고, 상대방의 성장 동기를 파악하고 표현함.

예) "저 선배는 자꾸 나한테만 이것저것 시켜."

- 공감 수준 1 : 후배가 선배 말 좀 들으면 어디가 덧나니?
- 공감 수준 2 : 네가 만만한 후배라서 그런가 보네.
- 공감 수준 3 : 다른 후배들은 놔두고 너한테만 일을 시켜서 네가 힘들고 속상하겠다.
- 공감 수준 4 : 너도 할 일이 많아 바쁜데, 자꾸 너한테만 일을 시키니 거절하기도 어렵고 곤란하겠네.
- 공감 수준 5 : 너도 그 선배가 시키는 일을 기분 좋게 하고 싶지만, 너무 많은 일을 시켜서 부담이 되고, 적당히 거절하지 못한 네 모습에 화가 나 있구나.

연습 1. 공감 수준 구분하기

다음에 제시된 공감 수준을 1단계부터 5단계까지 구분하여 번호를 적으시오.

"미리 늦는다는 연락도 없이 이렇게 30분이나 늦으면 어떡하니?"

⇒ 뭐, 오다 보면 늦을 수도 있지. 화 풀어. (　　)

⇒ 갑자기 일이 생겨서 늦었어. 미안해. (　　)

⇒ 연락도 없이 늦게 와서 네가 많이 서운하고 화가 났겠다. 미안해. (　　)

⇒ 연락 없이 늦어서 네가 기다리는 동안 걱정도 되고 초조했겠구나. 그리고 내가 무심해서 서운하고 화가 났겠다. 미안해. (　　)

⇒ 너한테 미처 연락을 못한 것에 대해 네가 무시당했다는 생각이 들어서 서운했겠구나. 다음에는 네가 걱정하지 않고 그런 서운함 느끼지 않게 신경 쓸게. 미안해. (　　)

연습 2. 세분화된 공감 수준

다음의 문장들에 대해 3단계 이상의 공감 반응을 연습하기

"나는 둔한가 봐요. 이 훈련을 지금 몇 주째 했는데도 안 되네요."

⇒

⇒

⇒

"우리 엄마하고 말하기 시작하면 언제든 싸움이 돼 버려서 말하기가 싫어요."

⇒

⇒

⇒

"너는 왜 매일 내가 잘못한 것만 지적을 해?"

⇒

⇒

⇒

"내가 그 친구에게 너무 심한 말을 했나 봐."

⇒

⇒

⇒

"저 선배는 항상 너무 상냥해서 부담스럽고 불편해요."

⇒

⇒

⇒

"선생님은 왜 저만 야단치세요?"

⇒

⇒

⇒

4. 공감 연습하기

1) 공감을 위한 구체적 전략 : 어/ 기/ 역/ 차 전략

- **어 :** 어떤 이야기인지 잘 들어 준다. (경청)
- **기 :** 상대의 기분을 이해해 준다.
- **역 :** 역지사지(입장 바꿔 이해해 주기) 한다.
- **차 :** 생각의 차이가 있음을 인정한다.

예) 아이가 학교에서 돌아와 풀죽은 목소리로 말하기를 "엄마, 나 학교 안 다니고 싶어. 아이들이 모두 나를 싫어하는 것 같아"라고 했을 때

어 : "오늘 학교에서 무슨 일이 있었는지 궁금한데, 한번 이야기해 줄래?"

기 : (아이의 이야기를 들은 후) "그래? 쉬는 시간에 아이들이 공기놀이를 하는데 같이 놀자고 했더니 안 끼워 줬단 말이지? 저런, 애들과 같이 놀고 싶었는데 그러지 못해서 실망이 컸겠구나."

역 : "내가 너였어도 기분 나빴을 것 같아. 그 아이들은 한창 놀고 있는 중이라 중간에 네가 끼는 게 좀 불편했을 수도 있겠지만 네 입장에서는 아이들이 너를 싫어해서 끼워 주지 않았다는 생각이 들어 속상했을 수도 있지. 그래서 친구들이 싫어하니 학교 다니는 것도 재미가 없을 수 있고."

차 : "너도 많이 속상했겠지만, 그 친구들도 좀 곤란했을 거야. 너를 끼워 주고 싶지만 곧 끝내야 해서 그럴 수 없는 상황이었을지도 모르지. 그래도 네게 충분히 설명했더라면 덜 기분 나빴을 텐데, 그것까진 친구들이 생각을 못한 것 같아."

연습 1. 다음의 말에 대해 당신의 공감반응을 어/ 기/ 역/ 차 전략에 따라 서술하시오.

친구 : "정말 짜증 나 죽겠어. 도대체 내가 왜 이런 처지에 놓여야 하는지 모르겠어."(친구가 과대표로 활동하다가 교수의 전달사항을 깜박 잊고 학우들에게 전달하지 못한 실수를 하여 다른 사람들의 비난을 받게 되었다.)

⇒ 당신의 반응을 어/ 기/ 역/ 차 의 순서에 따라 기록하시오.

어 :

기 :

역 :

차 :

연습 2. 다음의 상황을 읽고, 다음 질문에 대해 그룹원들과 이야기 해 본다.

선영이는 엄마와 함께 휴대폰을 사러갔다.

지금 사용하고 있는 것이 자꾸 고장이 나서, 선영이의 생일 선물로 엄마가 새 휴대폰을 사주시기로 하였다.

선영이는 새 휴대폰을 산다는 것에 기분이 들떠서 휴대폰 매장을 둘러보다가 아이돌 가수가 선전하는 최신 휴대폰에 눈길이 갔다. 그런데, 그것은 가격이 상당히 비쌌다.

엄마는 가격이 비싸다면서 다른 것을 고르라고 하였고, 선영이는 할 수 없이 저렴한 가격의 보통 휴대폰을 선택하게 되었다.

집에 돌아오면서 선영이는 새로 산 휴대폰을 보면서 점점 짜증을 내기 시작했다.

선영 : 이 휴대폰이 너무 무거워. 기능도 다양하지 않고…. 돈 더 주고 최신 것을 살 걸 그랬나봐.

엄마 : 아무리 생일 선물이지만, 그래도 엄마가 빠듯한 살림에 새 핸드폰을 장만해 줬으면 고맙다고 할 것이지 뭐가 그리 불만이야?

선영 : 그래도 친구들은 다 최신 것 들고 다닌단 말이야.

엄마 : 옛날에는 이런 것은 아예 가질 수도 없었어. 그래도 너희들은 호강하는 줄이나 알어.

선영 : 엄마는 매일 옛날에… 따지면서 비교해? 그렇게 사주기 싫은데 왜 사줬데?

엄마 : 참 내… 선물을 받고도 고마워 할 줄 모르네. 그냥 도로 갖다 주고 환불받을까?

선영 : 그러던지……. 엄마 맘대로 해

엄마 : 앞으로 너한테 선물 같은 건 절대 안 해줘야겠네. 집안 형편도 모르고 허영만 부리기는…. 관둬라, 관둬 !!

질문.

1. 선영이의 마음은 어떠했을까?

2. 엄마의 마음은 어떠했을까?

3. 엄마와 선영이가 좀 더 공감적으로 서로의 마음을 읽는다면 각각 어떤 방식으로 말을 할 수 있을까?
   (공감적으로 반응한 상황을 역할극으로 연습해 보자.)

* 선영에 대한 엄마의 공감적 반응 :

* 엄마에 대한 선영의 공감적 반응 :

연습 3. 이번에는 개인 경험의 진솔한 내용을 가지고 의사소통한다.

① 6명씩 조가 되어 동그랗게 앉는다.
② 한 사람이 최근에 경험했던 것 중 마음이 아팠거나 답답하게 느껴지거나 힘든 것을 간단히 이야기해 본다.
③ 나머지 사람들은 이야기를 한 사람의 심정을 가장 잘 표현할 수 있는 말로 상대방에게 공감을 한다.
④ 마지막에는, 이야기를 했던 사람이 만약 내가 다른 사람이라면 자신에게 이렇게 말해 주겠다고 자신의 생각을 얘기한다.
⑤ 이야기를 한 사람은, 자신이 들었던 말 중에 가장 마음에 와 닿은 내용이 어떤 것인지를 사람들에게 이야기한다.
⑥ 처음 이야기를 시작한 사람의 오른쪽으로 돌아가면서 이와 같은 연습을 계속한다.

조별 집단 과제

영화나 드라마에서 공감적 반응이 잘 나와 있는 부분을 10분 분량 정도 캡처하여 발표하기

제9장

효과적 의사소통 기술 Ⅲ (수업 12주차)

▸ **단원의 목적**

경청과 공감 외에 기타 효과적 의사소통 기술을 이해하고 증진시킨다.

▸ **성취목표**

- 효과적인 의사소통을 위한 치료자의 기본 태도에 대해 인식한다.
- 효과적 의사소통 기술에 대해 이해하고 학습한다.

우리는 앞에서 효과적인 의사소통 기술의 가장 기본이 되는 요소인 경청과 공감에 대해 살펴보고 이를 연습하였다. 제9장에서는 경청과 공감 외의 다른 효과적인 의사소통 기술에 대해 살펴보고자 한다. 그에 앞서 치료자와 대상자와의 효과적인 의사소통을 위해 치료자가 갖추어야 할 기본적인 태도에 대해 생각해 보자.

1. 효과적인 의사소통을 위한 치료자의 기본 태도

우리가 일상생활에서 경험하듯 의사소통에서는 인간관계가 중요하다. 인간관계가 좋을 때는 굳이 말을 많이 하지 않아도 서로 신뢰하고 이해하면서 충분히 의사소통이 될 수 있다. 서로 간의 소통이 잘 이루어지기 위해서는 대상자가 치료자를 안전하게 느낄 수 있어야 하며, 더 나아가 서로 믿고 존경할 수 있어야 한다. 그래야만 자신의 느낌과 생각을 편안하게 드러낼 수 있다. 대상자로 하여금 편안함과 신뢰감을 갖게 하기 위해 치료자가 갖추어야 할 기본 태도는 다음과 같다.

첫째, 대상자를 믿을 수 있어야 한다. 대상자를 믿는다는 것은 대상자가 주어진 상황에서 최선을 다하고 있음을 믿는 것이며, 지금 보이는 모습 너머에 가능성과 잠재력이 있음을 믿는 것이다.

둘째, 대상자와의 인간관계를 소중히 여긴다. 지금 만나고 있는 대상자를 존중할 때 효과적인 의사소통을 가능하게 하는 따뜻함, 성실함, 안정감, 확신, 인정을 갖게 된다.

셋째, 열린 마음(개방성)을 갖는다. 열린 마음을 갖는다는 것은 치료자 자신이 변화될 수 있음을 인정하고, 다른 이들로부터의 영향을 과감히 받아들이는 것을 뜻한다.

2. 효과적인 의사소통 기술의 실제

1) 침묵(Silence)

침묵은 경청(Listening)과 더불어 동반기술에 속한다. 긍정적이고 수용적인 침묵은 가치 있는 치료적 도구로, 대상자로 하여금 말할 수 있는 용기를 주며, 치료자와 대상자 모두에게 생각을 정리할 시간을 준다. 또한 수용, 관심, 지지를 나타낸다. 그러나 침묵의 효과는 대상자가 침묵을 어떻게 받아들이느냐에 따라 달라지므로 조심스럽게 사용해야 한다.

예) 대상자 : 부모님이 이혼을 하시겠다는데 전 어떻게 해야 할지 모르겠어요. 너무 막막하고, 두 분이 헤어지시는 게 싫은 마음을 어떻게 표현해야 할지 모르겠어요. (흐느껴 울기 시작한다.)

상담자 : (침묵을 지키며 그녀가 충분히 울도록 허용해 준다.)

대상자의 슬픔을 함께 하며 그가 감정을 충분히 표현하도록 허용하면서 기다려 주는 것이 어떤 위로보다 더욱 효과를 발휘할 수 있다.

2) 인도(Leading)

인도란 말문을 열 수 있도록 도와주는 것으로, 관계를 처음 시작하는 단계에서 유용하다. 인도의 목적은 대상자가 개방적인 대화를 할 수 있도록 격려하기 위함이다.

예) • "지난 일주일 동안 어떻게 지내셨습니까?"
• "어제 친구와 다툰 후 기분이 어땠나요?"
• "오늘이 입원하신 지 이틀째인데, 입원하신 동안 어떻게 지내셨는지 궁금합니다."

3) 수용(Accepting)

수용이란 상대방의 표현을 비평 없이 있는 그대로 받아들이는 것으로, 단순한 동의나 칭찬과는 다르다. 수용을 통해 대상자는 긴장이 감소되고 자신감이 증진된다.

치료자는 대상자의 말에 충고나 답을 주는 것이 아니라 있는 그대로의 감정을 수용하면서 지지해야 한다.

예) **대상자 :** 남자 친구랑 헤어진 지 벌써 6개월이 넘었는데 아직도 이러고 있는 제가 한심스러워요. 그래도 어쩔 수가 없어요. 아무리 잊으려고 해도 갑자기 생각나고, 그럴 때면 저도 모르게 또 전화를 걸고 있고. 그도 제가 지겹다고 하고 친구들도 이런 제가 이제는 지겨운가 봐요. 저도 제가 지겨운데 어쩔 수가 없어요.

상담자 : 그래요. 자신도 어쩔 수 없어서 더욱 당황스럽고 화가 날 거예요. 마음 같아서는 깔끔하게 잊고 싶지만 그렇게 되지 않아서 답답하고 힘들 거란 거 이해해요.

4) 재진술(Restating)

재진술 또는 반복하기란 대상자의 말을 그대로 반복해 주는 기법으로, 대상자의 말을 잘 알아들었는지, 제대로 이해했는지를 확인할 수 있다.

예) **대상자 :** 이번 학기엔 꼭 장학금을 타야 해요. 경제적으로 여유가 없어서 정말이지 장학금 말고는 방법이 없어요. 그래서인지 공부하는 것이 너무 불안하고 오히려 집중력이 떨어지는 것 같아요.

상담자 : 장학금을 꼭 타야 한다는 생각 때문에 불안감이 높아지고 그래서 더욱 공부에 집중이 안 된다는 말씀이시지요?

5) 바꿔 말하기(Paraphrasing)

대상자의 말과 같은 뜻을 가진 다른 언어를 사용하여 표현하는 기법으로, 주로 요점만 간추려 반복하여 말하는 것이다. 바꿔 말하기를 통해 대화 내용에 대한 상호 간의 이해를 보다 명확히 할 수 있으며 상대방의 이야기를 잘 듣고 이해하려는 듣는 이의 노력이 전달될 수 있다.

예) 대상자 : 친구들은 모두 남자 친구가 있는데 난 여전히 이렇게 혼자 보내는 것이 너무 서글퍼요. 다른 아이들보다 그렇게 못났다고 생각하지 않는데 왜 이렇게 뜻대로 안 되는지 모르겠어요. 이성을 만나는 것이 어렵고 두렵기만 해요. 곧 졸업인데 제가 이렇게 변변한 이성관계도 못하고 사회로 나간다는 것이 한심하기만 해요.

상담자 : 다른 친구들처럼 이성들과 편안하게 관계를 맺어 보고 싶다는 얘기군요.

6) 반영(Reflecting)

반영이란 대상자의 말의 내용, 생각, 느낌을 되돌려 표현하는 것으로, 단순한 재진술 이상의 기술이다. 반영을 통해 대상자의 경험을 이해하게 되고, 대상자에게 깊은 관심, 공감, 존중감을 전달하게 된다.

반영에는 크게 두 종류가 있다.

첫째, 내용의 반영 : 메시지의 내용을 반영하며, 대상자의 근본적인 생각을 간결하고, 분명하게 다시 말해 주는 것이다.

예) 대상자 : 지금 막 떠난 사람이 제 오빠예요. 나는 몇 년 동안 오빠를 보지 못했어요. 그런데 이번엔 오빠가 절 보기 위해 멀리 강릉에서 왔어요. 오빠를 다시 보게 된 것만으로도 너무 기뻐요.

상담자 : 오랫동안 보지 못했던 오빠가 당신을 보기 위해 찾아왔군요.

둘째, 감정의 반영 : 메시지의 내용을 이해하여 대상자의 마음 깊이 있는 느낌을 표현해 줌으로써 대상자가 막연히 느꼈던 자신의 느낌과 문제를 정확히 알게 된다.

예) 대상자 : 지금 막 떠난 사람이 제 오빠예요. 나는 몇 년 동안 오빠를 보지 못했어요. 그런데 이번엔 오빠가 절 보기 위해 멀리 강릉에서 왔어요. 오빠를 다시 보게 된 것만으로도 너무 기뻐요.

상담자 : 당신은 오빠를 오랜만에 보게 되어 무척이나 행복하시군요?

그러나 반영기법을 사용할 때는 판에 박힌 상투적인 반응, 부적절한 타이밍(timing), 느낌(feeling)의 부적절한 깊이, 대상자의 문화적 경험이나 교육 수준에 맞지 않는 반응이 되지 않도록 주의해야 한다.

7) 질문(Questioning)

대상자에게 질문할 때는 "예"나 "아니오"로 대답하게 되는 폐쇄형의 질문보다는 대상자가 자신의 생각과 감정을 표현할 수 있도록 개방형 질문을 사용하는 것이 효과적이다.

예) 대상자 : 남동생이 태어난 이후로 난 그 애와 같은 방을 썼는데 여동생은 늘 혼자 방을 쓰고 있어요. 언제나 그렇듯이 난 그게 불공평하다고 느껴요.
상담자 : (개방형 질문) 또 다른 어떤 상황이 불공평하다고 생각하고 있나요?
(폐쇄형 질문) 집에서 당신을 불공평하게 대한다고 생각하나요?

8) 정보 제공(Giving information)

대상자 자신의 문제와 상황을 이해하는 데 도움을 주기 위해 대상자가 필요로 하는 정보를 제공하는 것이다. 비효과적 의사소통 기술인 '충고'의 경우 의사결정권을 치료자가 갖고 있는 반면, 정보 제공은 의사결정권이 대상자에게 있다. 필요 시 의뢰할 수 있는 다른 사람에게 연결시키는 것이 필요하다.

예) "이 검사는 치료 6시간 전에 금식을 해야 합니다. 물도 마시면 안 됩니다. 흡연도 금지입니다. 담배나 음식이 검사에 영향을 미칠 수 있기 때문이에요."

9) 초점 맞추기(Focusing)

초점 맞추기는 대화의 흐름을 목표 지향적이고, 구체적이며, 확실하게 유지하는 기술로, 대상자가 여러 가지 얘기를 하여 대화의 주제가 모호해지거나 산만해질 때 한 주제로 초점을 맞추도록 돕는다.

예) 대상자 : 아빠를 대하는 것이 가장 힘들었어요. 괴팍하고, 말씀을 함부로 하셔서 어려서부터 동생하고 제가 상처를 많이 받았어요. 동생도 성격이 소심해서 어려서부터 친구들한테 많이 당하고, 그래서 그 아이도 제가 보기엔 정상은 아닌 것 같아요. 친구 문제로 돈 쓰는 것도 그렇고요. 남들한테 이용만 당하고도 자기는 몰라요.

상담자 : 아빠의 성격 때문에 가장 힘들었다는 얘기군요. 그 얘기를 좀 더 해줄 수 있을까요?

10) 명료화(Clarification)

명료화는 대상자의 말이 막연하거나 혼동되거나 내용이 복잡할 때 내용을 분명히 해준다. 또한 치료자가 이야기의 내용이나 뜻을 명확하게 이해하지 못했을 때도 명료화를 위해 질문하게 된다.

예) 대상자 : 난 불행해요. 도와주세요.

상담자 : 당신이 불행하다는 것이 어떤 의미인가요? 무언가 잘 안 되고 있다는 건가요, 아니면 그저 감정이 그렇다는 이야기인가요?

11) 해석(Interpreting)

대상자가 피하고 있거나, 부분적으로 또는 전체적으로 깨닫지 못하고 있는 자신의 내면 상태를 새로운 각도로 볼 수 있도록 하는 것이다. 앞에서 살펴본 '바꿔 말하기' 기법이 대상자의 내적인 틀 안에서 행해지는 반면, '해석'은 대상자에게 새로운 틀을 제공해 준다.

예) 대상자 : 전 더 이상 부모님께 기대하지 않아요. 이젠 지쳤고요. 될대로 되라는 기분이에요. 이제 두 분이 이혼을 하시든 별거를 하시든 저하고는 별개의 문제예요. 저도 이제 성인이 되었고요. 더 이상 부모님 문제로 인해서 제가 영향받는 일은 없어요. 그동안 충분했어요. 이젠 전 괜찮아요. 아무렇지도 않아요.

상담자 : 당신은 더 이상 부모님 문제로 고통 받고 싶지 않군요. 그 두 분 때문에 너무나 고통스러워서 이젠 그 문제로부터 떨어지고 싶어하는 것 같아요. 고통스럽지 않아서가 아니라 너무나 고통스러워져서 무관심해지려는 거지요?

12) 직면(Confronting)

직면이란 대상자에게 정직하게 직접적으로 문제를 지적하고 인식시켜 주는 것으로, 특히 대상자의 말과 행동이 불일치할 때 지적하여 대상자 자신의 느낌에 직면하도록 한다. 단, 직면의 효과는 도전과 노출로 인해 위험부담이 많으므로 대상자와 신뢰가 생긴 이후에 사용해야 한다.

예) 대상자 : 전 이 병원에서조차 친구를 사귈 수가 없어요. 전 동료들에게 잘해 주려고 노력하지만 여전히 마음이 불편하고 만사가 뒤엉키는 것 같아요. 그러면 제 자신도 '에라 모르겠다. 사람들은 원래 이기적이고 자기만 아니까 난 친구가 필요 없다'고 생각하게 돼요. 또 정말 그런 것처럼 느껴져요.

상담자 : 당신은 동료들에게 잘해 주려고 노력하고 있다고 얘기하기도 하고, 동시에 사람들은 원래 이기적이고 자기만 아니까 친구가 필요 없다고도 생각한다고 말씀하시는군요. 이 두 표현 중 어느 쪽이 당신의 진심인가요?

13) 연결(Connecting)

두 사건이나 경험, 감정 등을 연결 지어서 대상자에게 반응하는 것으로, 과거의 경험과 현재 행동을 연결시키는 데 유용하게 사용된다. 또한 현재의 생활 스트레스와 함께 두 사람 사이의 긴장을 연결시킬 수도 있다.

예) 대상자 : 엄마랑 늘 이 문제로 다투는데 저도 잘 모르겠어요. 늦게 되면 늦는다고 연락을 하면 되는데 엄마가 너무 심하게 잔소리를 하니까 어차피 혼날 것 한 번만 혼나자는 마음으로 아예 연락을 안 하고 늦게 들어가 버리죠. 그러면 또 엄마랑 심하게 다투게 되고요. 저도 왜 이렇게 이 습관이 안 바뀌는지 모르겠어요.

상담자 : 어렸을 때 엄마가 일을 나가시면 늘 밖에서 기다렸다고 하셨지요? 그때마다 엄마는 기다리지 말라고 혼냈다고 하셨잖아요? 그때의 마음은 어떠했나요? 엄마를 무작정 기다리는 마음이요.

대상자 : 두려웠고 화가 났어요. 난 엄마가 언제 올지 너무나 기다려지는데 엄마는 제가 밖에서 기다리면 불같이 화를 냈으니까요. 그래서 항상 몰래 숨어서 엄마를 기다렸어요. 그때마다 얼마나 마음이 조마조마했는지 몰라요. 내 맘을 몰라주는 엄마가 미웠어요.

상담자 : 그때의 감정을 떠올려 보세요. 지금 엄마가 느끼는 감정과 공통점이 있을까요?

대상자 : 예. 지금 엄마가 날 기다리는 마음이 꼭 그때 내 마음 같았을 거예요. 불안하고 연락 없이 늦는 게 화가 나고. 아하! 마치 어릴 때의 제가 엄마한테 복수하고 있는 느낌이에요.

14) 피드백(Feedback)

대상자로 하여금 그들의 행동이 어떻게 치료자에게 영향을 미치고, 치료자가 어떻게 대상자의 행동을 인지하는지 알도록 도와준다. 그러나 피드백의 사용이 대상자를 위협하거나 방어를 증가시키도록 조장해서는 안 된다.

피드백을 사용할 때는 다음과 같은 점을 유의한다.

- 대상자가 준비되었을 때 사용한다.
- 대상자 존재를 판단하는 것이 아니라, 그의 행동에 대한 의견의 형태이다.
- 변화할 수 있는 문제에 대해 사용한다.
- 피드백은 최근의 특수행동에 대한 반응이어야 한다.
- 피드백이 대상자에게 도움이 되었는지, 관계가 향상되었는지 등에 대해 질문한다.

예) 대상자 : 죄송해요. 오늘은 버스가 늦게 와서 또 늦었어요.

상담자 : 시간에 다 되었는데도, 연락도 없고 오시지 않아서 제가 많이 기다렸어요, 그리고 혹시 무슨 일이 생겼나 걱정도 되었구요. 미리 연락을 하였으면 걱정을 덜 하였을 텐데, 좀 아쉽네요.

15) 요약(Summarizing)

요약은 대화가 끝난 다음에 그 시간에 나눈 대화의 느낌과 사고들을 하나의 문장으로 정리해 주는 것이다. 요약의 주요 목적은 대상자가 미처 인식하지 못한 면을 알게 하고, 문제 해결 과정을 인식하며, 대상자 자신의 생각과 느낌을 탐색하도록 돕는 데 있다. 가능하다면 대상자 스스로 요약을 하는 것이 좋은데, 이것은 대상자가 자신의 생각이나 느낌에 대해 책임을 갖게 할 뿐 아니라 대상자의 이해 여부에 대해 확인할 수 있기 때문이다.

예) 대상자 : 전 항상 친구관계가 복잡하게 꼬여요. 괜한 오해들도 많고 아마도 제가 제 감정 표현을 제때 잘 못해서 그런가 봐요.

좀 무심한 성격도 있어서 아마 친구들이 섭섭한 경우도 많을 거예요. 그래도 어떻게 해요? 제 성격이 이런 걸. 성격이 금방 그렇게 바뀌지 않으니…. 제가 이런 성격인 걸 친구들이 이해하고 좀 참아 주면 좋겠다는 생각이 들어요.

상담자 : 당신은 친구관계에서 항상 자기 표현을 잘 하지 못하며 그런 자신의 성격을 친구들이 이해해 주기를 바란다는 말이군요.

16) 유머(Humor)

유머는 긴장을 감소시키고, 공격성을 누그러뜨리며, 억제되었던 주제를 의식하게 함으로써 통찰력(insight)를 증진시키는 효과가 있다. 그러나 경우에 따라서는 비효과적일 위험성이 있으므로 주의 깊게 사용해야 한다.

예) 환자가 수술 후 통증을 호소한다.

간호사가 어떻게 아프냐고 하자 환자는 “길게 아파요”라고 얘기한다.

이때 간호사는 “얼마나 길게 아프세요? 여우 꼬리만큼인가요, 아니면 토끼 꼬리만큼인가요?”라고 질문한다.

환자는 아픈 가운데서도 웃으며 “여우 꼬리”라고 답한다.

의사소통이 적절하고 자연스러울수록 인간관계는 물론 다른 모든 기능들도 자연스럽고 조화롭게 된다. 사람들 간의 적절하고 현실적이고 건설적인 의사소통은 심리적, 감정적, 신체적 건강을 향한 기본적인 첫걸음이다.

간호사로서 자신의 의사소통 형태를 인식하고 발전시키며, 다른 사람들과 치료적인 의사소통을 하고, 더 나아가 효과적인 의사소통에 대해 교육함으로써 가족은 물론 지역사회 내에서 개개인의 건강을 증진시킬 수 있을 것이다.

그룹토의

자신이 주로 사용하고 있는 효과적인 의사소통 기술은 무엇인지 살펴보고, 앞으로 추가하여 사용하고 싶은 효과적인 의사소통 기술 세 가지를 골라 그룹원들과 함께 이야기한다.

다음 수업을 위한 과제

다음 수업을 위한 과제 : 각 토의그룹이 제10장에 나와 있는 간호 상황의 예를 하나씩 맡아서 각각 역할극을 준비한다. 시간은 10분 내외로 하며, 주어진 상황에서 어떻게 효과적인 의사소통을 할 수 있는지를 충분히 토의한 후 그것을 대본으로 역할극을 준비한다.

제10장

임상에서의 의사소통 (수업 13, 14주차)

▸ **단원의 목적**

실제 임상에서의 효과적인 의사소통의 중요성을 인식하고, 효과적으로 의사소통 할 수 있는 능력을 증진시킨다.

▸ **성취목표**

- 임상의 특성을 이해한다.
- 임상에서 발생하는 상황에 효과적으로 대처할 수 있는 의사소통을 이해하고 실습한다.

1. 임상의 특성

질병이라는 위기상황에 처하게 된 환자와 가족은 질병 발생 자체로부터 스트레스를 받을 뿐만 아니라 자신 외에 타인을 배려하거나 관심을 둘 여유가 없다.

또한 임상은 다양한 의료진이 있는 다양한 직종의 집합소라고 할 수 있는데, 특히 병원 내에서 이루어지는 일은 인간의 생사와 관계된 일이기 때문에 의료요원 스스로 겪는 긴장도 심하며, 각기 다른 기능을 담당하고 있는 직종 간에도 극도의 스트레스를 경험하기 쉽다.

다양한 의료요원 중에서 간호사는 환자 및 가족들과 가장 가까이 접하게 되는 직종이다. 각종 검사나 치료에 연결시켜 주는 역할, 환자나 가족의 대변자 또는 옹호자로서의 역할이 크다. 때로는 병원조직이나 다른 직종과 환자 및 가족 사이에서 어려움을 경험하기도 하고, 다른 의료요원에 대한 분노가 간호사에게 표출되는 경우도 많다. 또한 직무의 관리체계의 특성상 환자간호에 대한 책임은 간호사가 지는 반면, 권

한은 대부분 의사에게 있다. 이렇듯 업무에 대한 책임과 권한의 분리로 인해 간호사는 무력감, 애매모호함, 긴장을 경함하기 쉽고, 환자간호에 대한 간호사의 권리를 제한 받기 십상이다.

이러한 임상현장에서 이루어지는 의사소통은 일상생활에서 이루어지는 의사소통과 질적, 양적으로 다를 수밖에 없다. 따라서 앞에서 습득한 의사소통의 여러 기술과 태도를 바탕으로 임상에서 발생하기 쉬운 실제상황에서의 의사소통에 대해 배우고 실습해 보자.

2. 임상에서의 의사소통의 중요성

여러 연구결과에 의하면 환자와 의료인, 의료요원 간의 의사소통이 잘 되면 환자의 건강회복 정도가 빠르며, 의료요원의 직무만족과 삶의 질도 달라진다고 한다. 뿐만 아니라 부서 간 또는 구성원 간의 직무상의 상호관계가 병원경영에도 영향을 미친다고 한다.

이와 같이 환자의 건강회복이라는 공동 목표를 중심으로 구성된 다양한 전문 인력 사이에서 인간관계에 입각한 원활한 의사소통은 매우 중요하다. 의사소통을 통해 의료요원들이 감정을 표현함으로써 스트레스를 줄일 수 있으며, 원활한 의사소통은 구성원 간의 간격을 해소하고 그들의 활동을 조정 내지 통합하여 집단의 응집력을 강화시킴으로써 결과적으로 근무의식, 사기, 협동심과 조직의 효율성을 향상시킨다. 또한 의사소통을 통하여 조직 활동에 필요한 정보가 교환되므로 문제해결과 합리적인 의사결정이 이루어진다.

3. 임상에서의 인간관계와 의사소통

1) 간호사와 대상자

흔히 환자는 자신이 약자라고 느끼며 왜소한 느낌을 가지기 쉽다. 입원한 환자에게 제공되는 의료서비스에 대해 대부분 간호사가 최일선에서 책임을 지고 구체적인 간호를 수행하게 된다. 따라서 병원 당국이나 다른 의료요원에 대한 환자나 가족의 분노가 간호사에게 표출될 가능성이 높다. 간호사가 환자와 의사소통을 잘 하기 위해서는 자신의 감정을 말로 잘 표현할 수 있어야 한다. 이를 위해 자기이해, 자신의 의사소통 기법을 잘 알고 꾸준한 훈련이 필요하다. 또한 환자와 보호자의 입장에 서 보려는 자세, 수용하고 이해하려는 태도가 필요하다.

예) 백혈병 진단을 받은 환아의 활력증후를 체크하러 들어간 간호사가 조심스럽게 환아의 보호자에게 “백혈구 수치가 조금 안 좋아졌어요”라고 얘기하자, 보호자가 화를 벌컥 내며 조금 전에 주치의는 수치가 많이 안 좋아졌다고 얘기하고 나갔는데 무슨 근거로 조금 안 좋아졌다고 얘기하느냐며 수간호사에게까지 항의하는 상황이 벌어졌다.

이런 경우 보호자의 분노는 의사와 다르게 얘기한 간호사(특정인)를 향한 것이 아니라 자신의 아이가 백혈병이라는 치명적인 병에 걸렸고, 게다가 상태가 나빠지고 있는 것에 대한 두려움과 분노일 수 있음을 이해한다.

2) 간호사와 의사

상호 호혜적이어야 한다. 즉 개방적이면서도 동등하고 서로 비난하지 않으며 서로의 정보와 관점을 존중하고 공동의 목표인 환자의 회복을 위해 같이 노력해야 한다.

예) 시술 및 수술 전에 보호자로부터 받는 서약서는 의사 고유의 권한이며 업무이다. 그런데 하루는 의사가 전화로 수술실에서 수술이 늦어져 병실에 갈 수 없다며 간호사에게 보호자로부터 서약서를 대신 받아 달라고 부탁을 한다. 이 의사와는 평소에 비교적 잘 지내 왔기 때문에 거절하기가 난감하다.

이럴 때 부탁 받은 간호사는 업무 권한에 대한 분명한 한계를 명확히 하되 부탁을 들어줄 수 없음에 대해 유감스럽게 생각함을 정중한 어투로 전달한다.

3) 간호사와 타 직종

병원에는 의사, 간호사 외에도 수많은 직종이 환자를 위해 존재한다. 간호사는 다른 직종의 의료요원이 그 방면의 전문가인 것을 인정한다. 갈등이 발생했을 때는 누가 옳고 그른지를 밝히는 것이 목적이 아니라 일을 해결하는 것이 목적임을 잊지 않도록 한다. 의사소통 시 자기주장(assertiveness)이 필수적이다.

예) 환자가 회복될 기미가 없어 집에서 운명하시도록 하겠다며 갑자기 퇴원을 결정한 보호자가, 퇴원수속을 빨리 끝내서 차가 많이 밀리는 퇴근 시간 전에 출발하게 해달라고 요청한다. 간호사가 원무과에 전화하여 특별히 퇴원수속을 서둘러 달라고 부탁을 하자 그런 부탁은 하루에도 수십 번씩 받는다며 기다리라고 전화를 끊어 버린다.

이러한 경우 병원에서 일하는 직원들은 자신의 근무 현장 경험이 전부이다. 따라서 상대방 직원의 어려움에 대해 충분히 공감해 준 후 환자와 보호자의 요청을 다시 한 번 설명하고 입퇴원 수속에 있어서 전문가인 상대방 직원이 환자와 보호자의 어려움 해결에 최선을 다 해 줄 것을 정중하게 요청한다.

4) 간호사와 간호사

간호사는 전문적 역할 정체성과 관련되는 직종으로서 자신의 자아개념, 자아인식 과정이 우선적으로 이루어져야 하며 간호사로서의 정체성이 확립되어야 한다. 동료로부터 스트레스와 갈등을 경험할 때 이를 다루는 방법 중 하나로 자기주장 훈련이 필요하다. 좋은 병동 분위기를 만들기 위해 모두 노력하고 서로 존중하는 자세가 필요하다.

예) 신규 간호사가 한 명 배치되었다. 3월이 되어 의사도 모두 바뀌고 병동 전체가 어수선한데 신규 간호사가 계속 실수를 하는 바람에 그 팀에 속한 환자와 보호자들이 간호사실로 몰려와 불평을 쏟아놓는다. 그러자 신규 간호사는 어쩔 줄 몰라 하며 처치실에 들어가서 울고 있다.

이런 상황을 해결하기 위해서 신규 간호사는 병동업무에 좀 더 적극적으로 적응하도록 노력하는 동시에 자신의 미숙함에 대해 수간호사 및 선배 간호사들에게 양해를 구하고 빠른 적응을 위해 노력할 거라는 본인의 의지를 표현할 필요가 있다. 또한 수간호사와 선배 간호사들은 지적할 것이 있으면 다른 사람들의 시선이 없는 곳에서 불충분한 업무수행 및 해결방안에 대해 자세하게 제시해 주어야 한다. 동시에 신규 간호사가 겪고 있을 어려움을 수용하고 공감해 주며 충분히 격려하여 신규 간호사가 하루빨리 병동업무에 적응할 수 있도록 돕는 것이 바람직하다.

4. 임상에서의 의사소통의 실제

6~8명이 한 조가 되어 다음과 같은 상황에서 어떻게 대처하면 효과적일지에 대해 10분 내에서 역할극을 한다. 역할극이 끝나면 잘한 점과 부족한 점 및 더 효과적인 대처방법 등에 대해 다른 팀의 피드백을 받는다.

1) 역할극 상황

상황 1. 방사선 치료를 위해 간호사가 환자에게 금식을 지시했는데 30분 이상이 지나도 방사선실에서 환자를 호출하지 않아 방사선실에 확인해 보니 예약이 되어 있지 않았다. 학회에 가 있는 주치의와 간신히 연락이 되었으나 예약하는 걸 깜빡 잊었다며 대신 예약해 달라고 부탁하며 급히 전화를 끊는다. 배고픈 환자와 그 보호자는 간호사실에 와서 화를 내는 상황.

상황 2. 낮번 간호사가 환자와 보호자에게 수분 섭취 배설량에 대해 설명한 후 기록을 하도록 요청하였다. 인계받은 초번 간호사가 수분 섭취 배설량을 계산하기 위해 수분 섭취 배설량 기록지를 가지러 가보니 제대로 적혀 있지 않은 상황.

상황 3. 병원 요직에 동창이 여럿 있고 평소에도 거드름을 피우며 간호사를 대하던 대기업의 중역인 환자 모씨가 간호사는 못믿겠다며 의대교수 ○○○에게 전화를 걸어 달라고 요청하는 상황.

상황 4. 어제 심장질환으로 입원한 60대 환자 모씨가 아침에 활력증후 측정을 위해 들어간 김 간호사에게 다른 환자와 보호자가 다 있는 다인용 병실에서 "내 혈압 어때? 고마워"등의 반말을 하는 상황.

상황 5. 중환자실의 한낮, 여러 날 전부터 상태가 나빠진 채 유지되던 모씨가 더욱 상태가 나빠져서 CPR이 시작되고 보호자들도 들어와 있는데, 윤 간호사가 김 간호사에게 점심식사로 무엇을 주문할 것이냐고 외쳐 묻는 상황.

상황 6. 응급실에서 올라온 환자를 보러 간 정 간호사는 아직 환자의 상태에 대해 충분히 파악하지 못한 상태였다. 얼핏 보기에 환자에게 행해진 처치 중 이해가 안 가는 게 있어 자기도 모르게 혼잣말처럼 "이거 어떻게 된 거야? 왜 이렇게 했지?"라고 말했는데, 곁에 있던 보호자의 얼굴이 더욱 불안해지는 상황.

상황 7. 소아병동에서 근무하는 안 간호사는 상태가 심하게 나빠진 환아의 병실에 들어가 혈압을 재며 보호자에게 너무 걱정하지 말라며 환아 상태가 조금 나빠졌다고 얘기했다. 간호사의 말을 들은 환아의 엄마가 화를 벌컥 내며 조금 전에 주치의가 다녀가면서 아들의 상태가 많이 안 좋아졌다고 얘기했는데 무슨 근거로 환아 상태가 조금 나빠졌다고 얘기하냐며 간호사실로 쫓아가 수간호사에게 따지는 상황.

상황 8. 송 간호사는 오전 7시에 권씨에게 가서 혈당검사를 해야 하니 식사를 하지 말아야 하며, 밥을 먹고 2시간 후에 다시 피검사를 할 거라고 설명했다. 그러나 오전 8시에 피검사를 하러 갔더니 권씨는 보호자와 함께 아침식사를 하고 있었다. 당황한 송 간호사가 7시에 밥 먹지 말라는 얘기를 하지 않았냐고 하자 권씨와 보호자 모두 분명히 밥을 먹고 2시간 후에 피검사를 할 거라는 얘기만 들었다고 우기는 상황.

상황 9. 신규 간호사가 한 명 배치되었다. 3월이 되어 의사도 모두 바뀌고 병동 전체가 어수선한데 신규 간호사가 계속 실수를 하는 바람에 그 팀에 속한 환자와 보호자들이 간호사실로 몰려와 불평을 쏟아놓는다. 그러자 신규 간호사는 어쩔 줄 몰라 하며 처치실에 들어가서 울고 있는 상황.

종 합

언어학자 웹스터(Noah Webster)에 의하면 간호사는 “병들고, 상처 받고, 나이든 사람이나 다른 사람의 어린아이를 돌보도록 훈련 받은 사람”이다. 대부분의 경우 환자들은 문제가 원만하게 해결되지 않아도 자신의 요청이 진지하게 경청되고 있다는 사실만으로 불편하거나 섭섭한 감정을 극복하게 됨을 잊지 말자.

학기말고사 과제(교재 2부 내용 정리를 하기 위한 과제)

- 자신의 의사소통 방식을 네 가지(주장적, 수동적, 공격적, 수동 공격적)로 구분하여, 어떤 대상에게 어떤 의사소통 방식을 각각 보이는지, 그 대상과의 인간관계가 어떠한지를 정리하기
- 자신이 잘 사용하고 있는 효과적인 의사소통 기술을 3가지 쓰기

부 록

- 에니어그램 유형별 질문지
- 에니어그램 질문사항 평점 기록표
- 의사소통 방식
- 자기주장 척도

에니어그램 유형별 질문지

〈인성유형 1번〉 질문사항

1. 나는 분별력이 있고 매우 신중한 편이다. 사실, 정확한 판단력이야말로 내가 지닌 강점 중의 하나이다.
2. 나는 옳고 그름, 선과 악에 대한 도덕의식이 강한 양심적인 사람이다.
3. 나는 나와 의견이 다른 사람들의 신념이나 행동을 비교적 잘 받아들이는 편이다. 옳지 않은 구석이 있어도 묵묵히 받아들인다.
4. 개인적으로는 다소 불편한 점이 있고 나의 직접적인 이익과는 관계가 없더라도, 내 생각에 최선이라고 생각되는 바를 양심에 따라 행한다.
5. 나는 항상 공정하려고 애쓴다. 사사로운 감정에는 매이지 않는 편이다.
6. 성실하게 사는 것이 나에게는 매우 중요하다. 누군가에게 내가 잘못한 일이 있다고 여겨지면 밤잠을 이루지 못한다.
7. 뭔가 잘못된 것을 보면, 언제 어디서든 개선을 위해서 내가 할 바를 다해야 한다고 생각한다. 그래야 더 나은 세상이 될 것 아닌가.
8. 이상을 실현하려고 애쓰지 않으면 안 되는 내 지나친 성벽 때문에 지치고 힘이 빠질 때가 적지 않지만, 그것이 사실인 것을 어이하랴.
9. 다른 사람들에게는 내가 감정도 없고 "칼로 자른 듯이 무미건조한" 사람처럼 비치기도 할 것이다. 하지만 그것은 나라는 사람을 잘 모르기 때문에 하는 소리다.
10. 일이 제대로 처리되고 통제되려면 조직적으로 처리하는 것이 필요하다.
11. 내가 하지 않으면 그 일을 누가 하겠느냐는 생각에 사로잡힐 때가 적지 않다. 그런 내 생각이 내게는 들어맞는나.
12. 나처럼 철두철미하게, 또 확실하게 일을 잘 처리하는 사람은 찾아보기 어려울 것이다. 대다수 사람들은 너무 게으르고, 나사가 빠진 것처럼 여겨질 때가 적지 않다.
13. 내가 심한 일 중독자라고는 생각하지 않는다. 하지만 신경 써야 할 일이 너무 많아서 마음 편히 쉴 시간을 내기가 어렵다.
14. 어떤 일이든 내 나름의 의견과 주장을 갖고 있는 편이다. 대개는 내 생각이 옳다고 본다. 그렇지 않다면, 내가 그런 주의 주장을 가질 필요가 어디 있겠는가?

15. 내 주변 사람들이 잘못된 것을 보고, 내가 하라는 대로만 따랐어도 훨씬 더 나아졌을 텐데, 하고 생각한 적이 여러 번 있다.
16. 옳은 것은 옳고, 그른 것은 그르다. 예외 규정을 두어야 할 이유를 모르겠다.
17. 상식 이하의 말이나 행동을 하는 것을 보면 참을 수 없다. 사람들이 잘못되는 것을 보면 그것을 바로잡아야 할 책임이 나에게 있다고 생각한다.
18. 능률과 실질을 중시하여 꽉 짜인 시간표대로 살기 때문인지, 나도 때로는 많이 외로워하고 슬픔에 잠긴다는 것을 아는 사람이 거의 없는 것 같다.
19. 내가 어떤 일들에 대해서는 강박적일 정도로 까다롭게 구는 것처럼 보이는 것이 사실이다. 하지만 의당 그래야 하기 때문에 그러는 것일 뿐, 꼬투리를 잡아 일부러 그러는 것은 아니다.
20. 내가 부단히 애쓰는 것은 사실이지만, 내 기준에는 미치지 못하는 경우가 많다. 그로 인해 낙심할 때가 적지 않다.

〈인성유형 2번〉 질문사항

1. 컨디션이 최상일 때, 나는 다른 사람들을 아무 조건 없이 좋아하고 사랑한다. 내가 해준 것에 대해 보답을 하든 하지 않든 개의하지 않는다.
2. 나는 다른 사람들의 건강과 행복을 진심으로 걱정하는 편이다. 사람들도 나를 두고 그렇게 말한다.
3. 나를 아낌 없이 베푸는 성자 같은 사람이라고 생각하는 사람들이 있다. 하지만 나는 자신을 그런 식으로 생각하지 않는다. 나는 내가 불완전하다는 것을 잘 안다.
4. 나도 모르게 다른 사람을 위하여 마음을 쓸 때가 종종 있다. 크게 의식하지 않고 다른 사람들을 위해 일하고 있는 경우가 적지 않다.
5. 사람들에게 좋은 일이 생기면 나도 행복하다. 남을 위하는 일이라면 나 자신의 시간과 일정에 지장이 있더라고 그리 상관하지 않고 돕는다.
6. 나는 다른 사람들을 염려하고 돌보아 주기를 좋아한다. 다른 사람들을 진심으로 걱정하고, 다른 사람들에 대해 늘 깊은 관심을 갖고 살아간다.
7. 내 인생에서 가장 가치 있는 것은 사랑이다. 사랑이 없다면 인생이 도대체 무슨 의미가 있겠는가?
8. 좋은 친구가 되려면 자신이 얼마나 그 사람을 좋아하고 사랑하는가를 그 사람에게 보여주어야 한다.
9. 사람들과 친하게 지내는 것은 좋은 일이다. 좋은 감정을 말이나 몸으로 표현하는 것이 나에게는 어색한 일이 아니다. 껴안고 키스하는 것도 익숙한 편이다.
10. 나는 내 친구들과의 우정에 대해 자주 생각하는 편이다. 아주 가까운 친구들을 다섯 명 내지 열 명 정도 꼽을 수 있다.
11. 나는 가족이나 친구들과 함께 지내는 것을 즐긴다. 조언이나 충고를 듣고 싶어서 찾아오는 사람들을 기꺼이 맞아 준다.
12. 나는 사람들을 지배하거나 장악할 마음이 별로 없다. 그렇다고 해서, 나에게 중요한 사람들이 어떻게 되든 괜찮다는 것은 결코 아니다.
13. 나는 다른 사람들에게 필요한 사람이 되고 싶다. 그래야 내가 가치 있는 사람이 될 것이기 때문이다. 이 점은 다른 사람들도 마찬가지일 것이다.
14. 나는 너무 선량하여 나 자신의 이익을 챙기지 못하는 편이다. 주변 사람들을 열심히 챙기는 그만큼 이젠 나 자신도 챙겨야 할 필요가 있지 않을까?
15. 나는 정말 관대하고 사려 깊은 사람이다. 내 주변 사람들은 나를 만난 것이 행운이다.

16. 내 주변 사람들을 내가 얼마나 걱정하고 염려하는지, 내가 얼마나 마음을 쓰는지, 그 사람들이 내 마음을 알아주는 것이 나에게는 정말 중요한 일이다.
17. 나에게는 다른 사람을 조종하여 어떤 일을 성사시킬 마음이 거의 없다. 어쩌다 불가피하게 그런 경우가 있다면, 그들이 최선을 다하도록 하기 위해서이다.
18. 내가 나의 가족이나 친구들을 돌본 것처럼 언젠가는 그들이 나를 돌보아야 할 날이 올 것이다.
19. 사람들은 내가 베푸는 것을 너무 당연시하고 내 욕구와 필요에 대해서는 신경을 써주지 않는 것 같다. 그 점이 걱정이 될 때가 종종 있다.
20. 돌아보면, 정도 이상으로 아픈 날이 많았던 것 같다. 다른 사람들은 잘 돌보면서 정작 나 자신은 돌보지 못했던 것 같다.

〈인성유형 3번〉 질문사항

1. 나는 자신을 있는 그대로 받아들이는 편이다. 내 한계가 어디까지이고 무엇을 잘 하는지 솔직하게 인정한다.
2. 나는 스스로 가치 있는 존재라고 느끼기 때문에 확신을 갖고 살아가는 편이다.
3. 나는 주의 주장이 뚜렷하다. 나는 다른 사람들에게 자신감이 넘치고 확고한 사람이라는 인상을 준다.
4. 나는 내가 좋다. 나는 가치 있고 바람직스러우며 자신이 대견하다고 생각한다.
5. 나는 내가 발전하고 있다고 믿는다. 다른 사람들도 자기 자신을 향상시키기 위해 시간과 노력을 아끼지 말아야 할 것이다.
6. 나는 항상 별난 사람이 되고자 애쓴다. 다른 사람들도 나를 뭔가 범상치 않는 사람이라고 생각한다.
7. 이런저런 이유로 사람들은 나를 시샘하는 것 같다. 드러내 놓고 그렇게 말하지는 않지만, 나는 그것을 알 수 있다.
8. 나는 최선을 다하는 사람이 되고 싶다. 다른 사람들보다 뛰어난 데가 있어야지, 그렇지 않다면 무슨 맛으로 산단 말인가?
9. 나는 일하는 요령을 아는 사람이다. 나는 일이 되게 하는 법을 알고 있으며, 다른 사람이 내 앞길을 방해하도록 허락하지 않는다. 경력을 쌓는 일에는 더 그렇다.
10. 살아가노라면 일의 성취를 위해 다른 사람들에게 좋은 인상을 주어야 할 때가 적지 않다. 나는 수완 있는 사람이며 사람을 끌어들이는 교묘한 재주가 있다.
11. 성공하기를 원한다면, 좋은 인상을 줄 수 있는 방법을 알아야 한다.
12. 자기 현실은 자신이 창조한다. 남보다 뒤떨어진 사람이 되거나 실패를 하는 것도 그 사람 자신의 선택이다. 자기 인생은 자기가 책임질 수 있어야 한다.
13. 뭔가 일이 잘 안 풀리면 방법을 바꿔야 한다. 작전을 다시 짜서 목표를 성취하기 위해 필요한 일을 행해야 한다.
14. 나에게는 남들이 나를 어떻게 생각하느냐가 중요하다. 부당한 대접을 받으면 나는 참을성이 없는 편이다.
15. 목표를 성취하기 위해서라면 수단과 방법을 아끼지 않는 편이다. 목표를 달성하는 것이 첫째이고, 그 밖의 것은 그리 중요하지 않다.
16. 나는 목표를 향해서 일관된 원칙을 갖고 달려간다. 내가 가진 능력을 발휘하여 성공적인 인생을 구가하기 위해 애쓴다. 나는 여러 가지 면에서 갖출 것을 다 갖췄다.

17. 다른 사람들보다 앞서 가기 위해 때로는 원리 원칙을 어기기도 한 것이 사실이다. 하지만 모두가 다 그렇게 자기 요령껏 살고 있지 않은가?
18. 나는 대개 사람들을 내 편으로 끌어들여 이용하는 편이다. 하지만 너무 가까워져서 허물이 없어지는 것은 경계한다.
19. 많은 이들이 나를 우러러보고 대단한 사람이라고 생각하는 경향이 있다. 하지만 그것이 "진짜" 내 모습은 아니기에, 그들이 진상을 알게 될까 봐 은근히 걱정이 되기도 한다.
20. 나는 사람들에게 자신감 넘치는 사람으로 비칠지 모르지만, 내심으로는 은근히 실패를 두려워한다. 하지만 실패한다는 것은 상상조차 하고 싶지 않다.

〈인성유형 4번〉 질문사항

1. 섬세하고 예민하다는 것은 내가 가진 강점 중의 하나이다. 나는 사소한 경험에서도 남보다 많은 것을 느끼고 배운다.
2. 기분이 좋으면, 나는 사소한 것에서도 영감을 받아 뭔가를 창조하는 능력이 있다.
3. 좋든 궂든, 나는 내 직관에 따라 행동하는 경향이 있다.
4. 자기 자신에게 정직하게 살아야 한다. 인간이라 어쩔 수 없이 자신마저 속여야 할 때가 있겠지만, 나는 가능하면 진실하게 살려고 애쓴다.
5. 내가 가진 창조력은 개인적으로나 예술적으로나, 내 자신의 깊은 느낌을 어떤 형태로 표현하는 데서 나온다.
6. 나는 늘 내가 느끼는 것들에 주목하고, 직관이 나에게 말해 주는 것들이 무엇인지 자신에게 정직해지려고 애쓴다.
7. 좋든 궂든, 나는 상상력이 풍부하다. 하지만 정서적으로 상처 받기 쉽고, 우울한 느낌에 사로잡혀 지낼 때도 적지 않다.
8. 나는 상상 속에서 사람들과 긴 대화를 하고, 그들에 대하여 공상을 하면서 많은 시간을 보낸다.
9. 나는 시적인 감수성이 풍부하다. 하지만 정서적으로 상처 받기 쉽고, 우울한 느낌에 사로잡혀 지낼 때도 적지 않다.
10. 나는 내 행동과 동기, 누군가에게 이미 내뱉은 말을 곱씹을 때가 많다. 어떤 일을 맡을 것인지 여부에 대해서도 깊이 생각하고 재는 편이다.
11. 나는 혼자서 낭만적인 생각에 빠져서 지낼 때가 적지 않다. 나중에 실상을 알고 실망하여 꿈에서 깬 듯한 기분이 되곤 한다. 나 혼자만의 몽상 때문에 사람들을 오해하여 나중에 당황하는 일이 종종 있다.
12. 다른 사람이 내 속을 뒤집어 놓는 말을 할 때도, 나는 거기에 직접 반응하지 못하고 마음속으로 삼켜버릴 때가 많다.
13. 내 주변 사람들, 심지어는 친구들마저 불편하게 느껴질 때가 적지 않다. 왜인지는 잘 알 수 없지만, 그냥 혼자 있고 싶어질 때가 많다.
14. 내가 상처 받을 가능성이 있다고 여겨지면, 나는 자신을 지키기 위해 내 껍질 속으로 움츠러드는 경향이 있다.
15. 그렇게 움츠러드는 것이 나에게는 몹시 고통스럽다. 사람들에게 화가 나면 나는 그들과 한 방에 있는 것조차 싫고, 무엇 때문에 내가 괴로워하는지 말하고 싶지도 않다.

16. 다른 사람들 모두가 나보다 행복해 보일 때가 있다. 나는 정서적으로 상처를 받아서 내 할 바를 다하지 못하고 있는 것 같다.
17. 나는 몸과 마음을 추스르기가 불가능한 것 같다. 어디에서 어떻게 시작해야 할지 모르겠다. 좀 나아지다가도 금세 모든 것을 잃어버리게 될 것 같은 기분에 휩싸인다.
18. 나는 자신을 심하게 질책하는 경우가 적지 않다. 다른 누구보다도 스스로 자신을 혹독하게 질책하고 비난한다.
19. 나는 자살에 대하여 생각한 적이 있다. 언젠가는 어쩔 수 없이 자살을 택하게 될지도 모른다.
20. 인생은 고통과 상실과 슬픔으로 가득하다. 내 인생도 한때 그런 적이 있다.

〈인성유형 5번〉 질문사항

1. 나는 주변의 세상에 대해 깊이 통찰할 수 있는 능력을 지니고 있다. 다른 사람들이 무시하거나 놓치고 지나는 것을 나는 곧잘 알아차린다.
2. 선견지명은 내가 지닌 강점 중의 하나이다. 나에게는 무슨 일이 생기기 전에 미리 알아차리고 예견할 수 있는 능력이 있는 것 같다.
3. 나는 내가 관심을 갖고 있는 것이나 일에 집중할 수 있는 능력이 있다.
4. 나는 스스로 생각해도 놀랄 만큼 독창적인 생각이나 혁신적인 아이디어가 있다.
5. 사람들은 어렵거나 복잡한 문제가 있으면 나에게 온다. 나에게 오면 해결될 것이라고 생각하기 때문이다.
6. 앎을 추구하는 것이 나에게는 아주 소중한 일이다. 책만 있으면 혼자 내버려두어도 아주 행복해한다.
7. 지적인 추구란 인생에서 매우 흥미로운 주제이다.
8. 학문적인 탐구에 정신이 팔려 시간 가는 줄 모를 때가 많다.
9. 나는 열정적인 사람이라 할 수 있다. 어떤 것에 몰두하면 완전히 빠져 버린다.
10. 아무래도 조금 이상한 사람이 아니냐고 사람들에게 놀림감이 된 적이 있다. "정신 나간 사람"같다든가, "얼이 빠진 것 같다"는 말을 들은 적이 있지만, 내 생각에도 어느 정도 맞는 말이다.
11. 머릿속 생각이 너무 복잡해서 그것을 표현하기가 곤란한 경우가 있다. 그럴 때는 내가 아무리 설명하려고 애써도 다른 사람들이 이해하기가 어려울 것이다.
12. 나는 호기심이 많고, 한번 파고들면 끝장을 보아야 하는 성질 때문에 대인관계에 곤란을 겪는 경우가 자주 있다. 나의 강렬한 열정이 다른 사람들을 압도해버림으로써 원만한 인간관계가 어려운 경우도 있다.
13. 평범한 사람들은 천재를 이해할 수 없다. 내 생각과 사상이 시대를 너무나 앞선 것이어서 어느 누구와도 거기에 대해 토론조차 할 수 없는 경우가 있다.
14. 오랫동안 헤맸던 문제에 대해 놀라운 해답을 찾아낸 경험이 적어도 한두 번은 있다. 그때 나는 뭔가 중요한 열쇠를 손에 쥔 기분이었다.
15. 나는 대다수의 사람들에 비해 물질적인 부를 그다지 추구하지 않는 편이다. 정신적인 만족이 채워지면 물질은 그리 중요하지 않다.
16. 대다수 사람들은 너무 어리석어서 일이 실제로 어떻게 돌아가는지 이해하지 못한다. 냉정하게 제정신 갖고 사는 사람을 찾기란 실로 드문 일이다.

17. 세상의 종교는 대개가 유치하고 미신 투성이인데도, 그런 종교에 매달리는 사람들이 너무 많다.
18. 혼자 지내는 것이 더 쉽고 편하다. 다른 사람들이 나에게 접근해 오는 것이 달갑지 않다. 내가 무슨 생각을 하고, 무슨 일을 하고 사는지 알려고 하는 것도 반갑지 않다.
19. 생각 자체에 발이 달려서 저 스스로 달려가고 있는 것 같은 경우가 종종 있다. 생각이 너무 빨리 휙휙 지나가기 때문에 따라잡기가 어려울 지경이다. 그런 생각 속을 헤매다가 밤잠을 설칠 때가 적지 않다.
20. 낯설고 기이한 생각에 내 자신도 놀랄 때가 있다. 아무에게도 말할 수 없지만, 그것이 바로 내가 보고 느낀 그대로의 세상인 경우가 있다.

〈인성유형 6번〉 질문사항

1. 컨디션이 좋을 때, 나는 놀라울 정도로 용기가 있고, 성실하고, 인내심이 많다. 사람들은 그런 나에게 신뢰를 보내 준다.
2. 나는 대다수 사람들보다 빈틈이 없는 편이어서, 잠재적인 문제점들을 늘 인식하고 있다.
3. 나는 다른 사람들과 공통된 마당을 찾고, 그 안에서 즐기는 편이다. 남들이 나를 좋아해 주어야 마음이 놓인다.
4. 마음 편한 직장, 따뜻한 인간관계가 나에게는 아주 중요하다.
5. 나에게 마음을 주고 잘 대해 주는 사람들에게는 나도 잘 대해 준다. 내 가족과 친구들은 내가 책임감이 있는 사람이라는 것을 잘 안다.
6. 나는 열심히 일하는, 믿을 만한 일꾼이다. 나는 자신과 가족을 위해 안정된 삶을 일구고자 몸 바쳐 일해 왔다.
7. 내 인생은 여러 모로 성공적이라 할 수 있지만, 그럼에도 자신이 과연 성공한 사람인가에 대해서는 여전히 미심쩍다.
8. 중요한 결정을 내려야 할 필요가 있을 때는 우유부단하거나 지나치게 걱정하는 경향이 있다. 하지만 다른 사람이 내 대신 결정을 내리는 것은 참을 수 없다.
9. 누구를 믿어야 좋을지, 무엇을 의지해야 할지를 알기 위해 많은 시간을 쓰곤 한다.
10. 다른 사람들이 나를 어떻게 생각하는지, 확신할 수 없을 때가 많다. 다른 사람들이 나를 좋아하는 것처럼 여겨질 때가 있는가 하면, 그렇지 않다고 느낄 때도 가끔 있다.
11. 기껏 웃긴다고 한 이야기로 인해 사람들에게 오히려 비웃음을 산 적이 있다. 정말 말하고자 했던 것과는 표현이 어긋나는 경우가 종종 있기 때문이다. 그럴 때 그 사람들은 내가 진심을 말한 것인지 아닌지 알아차리지 못한다.
12. 문제가 생기면 극도로 신중해지는 경향이 있다. 하지만 문제를 피하거나 끝내버리려고 충동적으로 그 일을 해치워버리는 경우가 적지 않다.
13. 나는 대개 사람들이 나에게 기대하는 대로 처신한다. 하지만 사람들의 기대를 거스르는 경우도 있다.
14. 규칙이나 절차를 항상 따르는 것은 아니지만, 규칙이나 절차라는 것이 무엇인지 아리송할 때가 적지 않다. 무엇이 규칙인지를 알아야 내가 규칙을 어기고 있는지도 알 수 있을 것이 아닌가?
15. 남들이 법을 어기고 무시하는 것을 볼 때면 열을 받는다.

16. 근심 걱정으로 속을 끓일 때가 있지만, 그렇다고 제정신을 잃는 경우는 거의 없다.
17. 항상 그런 것은 아니지만 그래야 할 경우에는 고집을 피우기도 한다.
18. 뜻한 바대로 적극적이기 못했거나 주체적으로 결정을 내리지 못한 데 대해 나 자신을 질책하는 경우가 있다. 특히 나를 믿어 주었던 사람을 실망시킨 경우에는 더욱 더 그렇다.
19. 나를 싫어하여 궁지에 빠뜨리려 한다고 사람을 의심한 적이 있다. 나를 이용할 수만 있다면 그럴 사람이라고 의심하는 경우도 있다.
20. 정말로 화가 나거나 스트레스가 심할 때, 일이 잘 풀리지 않을 때면, 너무 긴장한 나머지 과잉 반응을 보이는 경향이 있다.

〈인성유형 7번〉 질문사항

1. 삶이란 경이로운 선물이다. 가만히 생각해 보면, 내 인생에는 감사할 일이 많은 것 같다.
2. 일이 잘 풀릴 때, 나는 활력이 넘쳐서 거침이 없고 생명력이 충만하다. 나같이 행복해하는 사람은 세상에 둘도 없는 것 같다.
3. 나에게는 신나고 즐거운 일이 많다. 재미있는 일이 한두 가지가 아니다.
4. 나에게는 여러 가지 재주가 있고, 내가 아는 한 나만큼 뛰어난 사람은 찾아보기가 쉽지 않다. 나는 잘 하는 것들이 진짜 많다.
5. 나는 매우 실제적이고 생산적인 사람이다. 현실에 기반을 두고 일을 처리하는 방법을 잘 안다.
6. 나는 여행을 즐기고, 영화를 비롯한 다양한 공연을 즐긴다. 레스토랑에 가는 것도 좋아한다. 친구들과 어울려서 노는 것이 좋다.
7. 세상에는 즐길 것들이 너무 많다. 한 번뿐인 인생이니, 할 것 다 해보고 가야 하지 않겠는가?
8. 뭔가를 원한다면, 그것을 거부할 이유는 없다. 좋은 것들을 마음껏 즐기고 가고 싶다.
9. 지루한 것은 딱 질색이다. 가능하면 신나게 사는 것이 좋다. 내 달력은 할 일들로 가득 차 있고, 바쁘게 좋아하는 일을 하면서 살고 싶다.
10. 웃고 떠들고 대화하면서 즐기는 것이 좋다. 때로는 몹시 화가 날 때도 있고 지나친 경우도 없지 않지만, 만사를 "내 멋대로" 살아야 직성이 풀린다.
11. 나는 뭐든지 터놓고 말하는 솔직한 사람이다. 내가 아는 한, 나는 아무도 못 말리는 사람 축에 든다. 다른 사람들이 차마 하지 못하는 말도 나는 서슴없이 하는 편이다.
12. 사람들이 나에게 너무 지나치다고 해도 나는 그다지 상관하지 않는다. 뭔가 내가 좋아하는 것들을 해야 하고, 인생에 뛰어들어서 충분히 즐겨야 직성이 풀린다.
13. 나는 극단으로 흐르는 경향이 있다. 마음껏 먹고 즐기고 나면 대기근이 닥친다고 해도, 일단은 즐길 수 있는 한 즐기자는 주의다.
14. 없는 것보다는 넘치는 것이 더 낫고, 좋은 것은 많을수록 좋다.
15. 불편한 것은 참을 수 없다. 좌절감 때문에 미칠 것만 같아서 비명이라도 질러야 살 것 같은 기분이 들 때가 있다. 실제로 그렇게 소리를 지르기도 한다.

16. 여러 가지 것들에 너무 '깊이' 빠져서 중독되는 경향이 있다. 무엇인가에 맛이 들리면, 거기에 빠져서 더욱 더 그것을 원하곤 한다.
17. 풀이 죽어서 의기소침해지기보다는 차라리 도피하는 편이 더 낫다. 끊임없이 뭔가를 하고, 뒤돌아보는 일은 거의 없다.
18. 나를 두고, 무엇이든 원하는 것을 얻기 위해 밀어붙이는 성격이라고 말하는 사람들이 있다. 남들이 어떻게 생각하든 나는 개의치 않고, 내가 원하는 인생을 살고자 한다.
19. 나 자신도 어떻게 할 수 없는 통제불능의 상황에 빠진 적이 있다. 혹은 그럴뻔 한 기간이 있었다.
20. 겁을 먹고 조바심이 날 때가 가끔 있다. 그러나 뭔가 새로운 일에 빠져서 지내다 보면, 근심 걱정 같은 것은 깨끗이 사라져 버린다.

〈인성유형 8번〉 질문사항

1. 나는 고집이 세고 늘 자신감에 넘쳐 있다.
2. 나는 기회가 오면 이를 잘 알아차린다. 내가 원하는 대로 일이 되게 하는 방식을 알고 있고, 주변 사람들을 끌어 모아서 그 일을 성취한다.
3. 나는 '배짱'이 두둑한 사람이다. 나는 용기 있고, 어려운 일도 기꺼이 도전하고, 또 그 일에 성공한다.
4. 나는 강하고, 결단력이 있고, 어려운 결정도 곧잘 내린다. 그런 이유로 사람들은 나에게 리더 역할을 해주기를 기대한다.
5. 나는 모험과 스릴을 즐기는 편이다. 스스로를 궁지에 몰아넣기도 하지만, 여러 가지 곤경을 딛고 성공한다.
6. 나는 사람들에게 존경심을 불러 일으킨다. 남들은 나를 올려다보고 나에게 복종한다.
7. 나는 열정을 가진 타고난 지도자이다. 사람들은 언제 어느 대목에서 나에게 동조해야 하는지 잘 아는 편이다.
8. 부당하다고 여겨지는 것이 있을 때는 참지 못하고 끼어들어서 그것을 솔직하게 폭로하는 편이다.
9. 가능하기만 하다면 독립적으로 내 사업을 꾸려 간다. 누군가 나에게 영향력을 행사하도록 놓아두고 싶지 않다.
10. 나는 타고난 협상가이다. 나는 어떤 방식으로 일을 밀어붙여야 하는지 잘 안다. 필요한 경우에는 '노'라고 말할 줄도 안다. 양보는 있을 수 없다.
11. 나는 내가 원하는 것을 얻는 방법을 잘 안다. 사람들을 잘 설득한다.
12. 일단 하기로 마음먹었다면 죽기 살기로 해야 한다. 무슨 일이든 다른 사람을 제치고 정상에 올라야 직성이 풀린다.
13. 대다수 사람들보다 내가 더 강하다는 점에는 의문의 여지가 없다. 내가 얼마나 많이 다른 사람들을 배려하는지에 대해서는 나를 아주 잘 아는 소수의 사람들만이 알아차리는 것 같다.
14. 꼭 필요한 경우에는 다른 사람들과 직접 맞닥뜨려서 해결을 보아야 한다. 나는 그런 일을 꺼리지 않는다. 이왕 일이 시작되고 나면, 사람들이 존중하는 것은 실질적인 힘이다.
15. 사람들은 나에게 자제하라는 말을 곧잘 한다. 내가 자제하고 있는데도 그것을 알아차리지 못하고 그런 말을 한다.

16. 사람들은 될 수 있으면 내 비위를 건드리지 말아야 한다고 생각한다. 나는 사람들로 하여금 나와는 가급적이면 얽히지 않는 편이 좋겠다고 생각하게 만든다.
17. '힘이 곧 정의'라는 것을 믿었던 시절이 있다. 그럴 필요가 있을 경우에는 제법 무자비하게 굴 수도 있다.
18. 어느 누구도 나를 받아들이려 하지 않는다는 것을 느낄 때가 있다. 나로서는 꽤 점잖게 구는데 그 사람들은 도대체 왜 그럴까?
19. 나약하고 우유부단한 사람들을 보면 답답하기 짝이 없다. 나와 함께 열정을 나눌 수 없다면, 그런 사람은 차라리 없는 편이 낫다.
20. 나를 다치게 하든, 나에게 사랑을 보여 주든, 사람들은 거기에 상응하는 대가를 받게 될 것이다.

〈인성유형 9번〉 질문사항

1. 기분이 좋은 상태일 때, 나는 자기주장을 내세우면서도 사람들과 잘 어울리는 편이다. 특히 배우자와 자녀들과는 잘 어울린다.
2. 나는 서로를 격려하고 지원하는 따뜻한 분위기를 조성하고, 이를 즐거워한다. 그런 분위기에서는 사람들의 얼굴이 활짝 피고 모두 행복해한다.
3. 사람들은 나를 보고 비판적이라거나 공격적이라고 말하는 경우가 거의 없다. 오히려 대하기가 편하고 누구하고도 어울리기 쉬운 사람이라고 말한다.
4. 사람들은 모두가 근본적으로 선하다. 나는 사람들을 신뢰하고, 뭔가 다른 숨겨진 동기가 있지 않은지 의심하는 경우가 거의 없다.
5. 내 생각에, 나는 그리 복잡한 사람이 아니다. 나는 만사를 낙관적으로 생각하고, 내 자신과 내 인생에 만족한다.
6. 나에게는 사색에 잠겨 신비주의에 빠지는 측면이 있다. 자연과 교감하기를 즐기고, 종종 우주와 하나 되는 일체감을 느낀다.
7. 나는 가족이나 친구들과 가깝게 지내고 싶다. 그들이 나에게 무엇을 바라든 나는 그들을 만족시켜 주려고 애쓰고, 그것이 그들을 행복하게 해주는 것 같다.
8. 인생에는 그렇게 열나게 하지 않아도 될 일들이 많다. 어떤 경우에는 완강하게 내 입장을 고수하고, 손끝 하나 까딱하지 않는다.
9. 세상에는 별다른 대안 없이 비판만 하고, 쓸데없이 근심 걱정만 하는 사람들이 너무 많다. 나는 어떤 일이든 걱정해야 할 이유를 찾지 못할 때가 많다.
10. 나는 만사가 즐겁기를 바란다. 사람들이 서루 다투거나 문제를 일으키는 것을 보는 것은 딱 질색이다.
11. 사람들이 문젯거리로 여기는 것들 중 대개는 그리 큰 문제가 아니다. 시간이 흐르면 대부분 다 잘 되게 마련이다.
12. 어떤 사람들은 내가 과거를 잘 잊어버린다고 생각할지 모르지만, 정말로 망각해서 그런 것은 아니다. 대개는 거기에 주의를 기울이지 않아서 그 문제를 생각하지 않고 지낼 뿐이다.
13. 사람들이 정말로 변화되는 경우는 거의 없다. 바뀐다고 해봐야 거기서 거기다. 그러니 있는 그대로 받아들이는 것이 상책이다.
14. 나는 닥쳐오는 일들을 있는 그대로 받아들인다. 어떻게든 일어날 일은 일어나게 마련이기 때문이다.

15. 나 자신에 대해 이러쿵저러쿵 많은 생각을 하고 싶지 않다. 생각해 봤자 별 소득이 없는데 무엇 때문에 속을 썩는단 말인가?
16. 문제가 일어나더라고 계속해서 무시하노라면 언젠가는 문제 자체가 사라지고 만다.
17. 과거는 이미 저질러진 것이어서 돌이킬 수 없다. 가능하면 문제가 있어도 못 본 척 지나쳐 버리는 것이 상책이다.
18. 사람들은 때로 나를 화나게 한다. 나는 좋은 사람이고, 누구도 해치려고 한 적이 없는데 왜 그걸 몰라준단 말인가?
19. 가끔 나도 모르게 화가 나거나 분노가 느닷없이 치밀어 오르는 경우가 있는데, 하고 싶은 말을 해버리고 나면 그걸로 다 풀려 버린다.
20. 뭔가 나에게 끔찍한 일이 생기면, 그런 일이 갑자기 꿈처럼 여겨지고 진짜 내 앞에 벌어진 현실의 일로 받아들여지지 않는다.

에니어그램 질문사항 평점 기록표

질문	느낌(가슴) 중심			생각(머리) 중심			행동(장) 중심		
	2번	3번	4번	5번	6번	7번	8번	9번	1번
20									
19									
18									
17									
16									
15									
14									
13									
12									
11									
10									
9									
8									
7									
6									
5									
4									
3									
2									
1									
합계									

의사소통 방식

다음은 의사소통 방식을 구분하여 정리한 것입니다. 우리는 상대에 따라 다른 의사소통방식을 보일 수 있습니다. 다음 항목 중 자신에게 해당되는 것에 ∨표를 하고, 그 대상이 누구인지를 적으세요.

	의사소통방식	표시	대상
공격적	소리를 지르거나 큰 소리로 말한다.		
	욕을 한다.		
	상대방의 의견을 묻지 않고 자기가 의사결정을 한다.		
	명령조로 말한다(~해, ~하지 마).		
	상대의 말이 끝나기 전에 나의 말을 한다.		
	상대를 비난하거나 상대의 탓을 한다.		
	상대방에게 벌이나 위협을 준다.		
	상대방과 논쟁을 하려 한다.		
	화나거나 무뚝뚝한 표정을 짓는다.		
	상대방의 말을 받아들이지 않는다.		
수동적	눈 맞춤을 잘 못한다.		
	수줍어서 자기 얘기를 하지 못한다.		
	거절을 못한다.		
	부탁하지 못한다.		
	자신의 느낌, 생각, 신념을 솔직하게 나타내지 못한다.		
	변명을 한다.		
	자신의 생각을 직접적으로 말하지 못하고 둘러댄다.		
	목소리가 작다.		
	다른 사람으로 하여금 결정을 대신해 주기를 바란다.		
	상대방과의 대화 후 마음이 상한다.		

주장적 (긍정적)	상대방과 적절한 눈맞춤을 한다.		
	부탁이나 거절을 하더라도 상대방이 기분 나빠하지 않는다.		
	단호하고 또렷한 음성으로 말한다.		
	상대방의 말에 귀를 기울인다.		
	자신의 행동에 대해 이유를 솔직하게 설명한다.		
	타협안을 제시한다.		
	나타내고자 하는 바를 직접 나타낸다.		
	상대방이 알아들을 수 있을 만큼 큰 소리로 말한다.		
	생동감 있는 자연스러운 억양으로 말한다.		
	적절한 몸짓과 표정을 짓는다.		
	상대방에게 공감적 이해를 하고, 그것을 표현한다.		
	자신의 마음속에 있는 말을 정직하게 나타낸다.		
수동공격적	상대방과 눈 맞춤을 하지 않는다.		
	상대방의 말에 대답이나 반응을 지체한다.		
	내 생각을 말하지 않고 침묵한다.		
	나의 꾸물거림이나 무반응으로 인하여 상대가 화를 낸다.		
	직접 말하지는 못하지만, 상대방에 대해 뒤에서 투덜댄다.		

자기주장 척도(Rathus Assertiveness Scale)

질문을 읽고 보기에서 해당되는 점수를 찾아 쓰세요.

전혀 다름(- 3) / 상당히 다름(- 2) / 다소 다름(- 1) / 약간 비슷(+1) / 상당히 비슷(+2) / 완전히 맞음(+3)

- 굵은 글씨는 역전환 점수
  (예를 들어, 1번 항목에서 +2 라면, 점수 계산 시에는 - 2로 계산한다)

총점 : **(날짜 :**)

1	**대부분의 사람들이 나보다 더 공격적이고 자기주장을 잘 하는 것 같다.**	
2	**나는 ‘부끄러움’ 때문에 데이트를 신청하거나 받아들이는 데 망설여진다.**	
3	음식점에서 주문한 음식이 마음에 들지 않을 때, 종업원에게 음식에 대한 불만사항을 이야기한다.	
4	**비록 나의 감정이 상하는 일이 있더라도 상대의 감정을 상하게 하지 않으려고 조심한다.**	
5	**판매원이나 점원이 나에게 여러 가지 물건을 보여 주면서 애를 썼다면 내가 꼭 원하는 물건이 아니어도 ‘안 사요’라고 말하기 어렵다.**	
6	누군가가 나에게 무엇인가 하기를 요청할 때, 나는 그 이유를 알고 싶다고 말한다.	
7	나는 유익하고 활발한 토론을 하고 싶어질 때가 있다.	
8	나는 대부분의 다른 사람들처럼 현 위치에서 더욱 발전하려고 애쓴다.	
9	**자신을 정당화하기 위해 사람들은 가끔 나를 이용하려고 한다.**	
10	나는 처음 보는 사람이나 낯선 사람들에게 말을 건네는 것을 좋아한다.	
11	**나는 종종 마음에 끌리는 이성에게 무슨 말을 해야 할지 모를 때가 있다.**	
12	**나는 공공기관이나 사무실에 전화하는 것을 주저한다.**	
13	**직접적인 개별 면접보다는 편지나 소개서 등을 써서 학교나 직장에 지원하는 것이 편하다.**	
14	**나는 구입한 물건을 바꾸는 것이 난처하다.**	

15	**가까운 가족이나 친척이 나를 귀찮게 하면, 나는 괴로운 심정을 표현하기보다는 꾹 참는 편이다.**	
16	**나는 남들에게 바보처럼 보일까 두려워 질문하는 것을 피해 왔다.**	
17	**나는 논쟁하는 중에 너무나 흥분해서 일을 망칠까 봐 때때로 두려워진다.**	
18	아무리 유명하고 존경 받는 강연자라도 내가 생각하기에 틀린 말을 한다면, 청중들에게 나의 의견을 기꺼이 말할 것이다.	
19	**나는 판매원과 물건 값에 대해 실랑이하는 것을 피한다.**	
20	내가 무언가 중요하고 가치 있는 일을 했다면, 나는 다른 사람들에게 그것을 알리려고 노력한다.	
21	나는 나의 감정에 대해 개방적이고 솔직하다.	
22	만약 누군가가 나에 대해 근거 없이 나쁜 소문을 퍼뜨리고 다닌다면, 가능한 빨리 그 사람을 만나서 확인하겠다.	
23	**나는 '아니오'라고 거절하기 어려울 때가 있다.**	
24	**나는 나의 감정을 표현하기보다는 억누르는 편이다.**	
25	나는 음식점이나 상점의 서비스가 형편없다면 그에 대한 불만을 얘기한다.	
26	극장이나 강연회에서 옆에 앉은 사람들이 크게 말하면 조용히 하라고 하거나, 다른 곳에 가서 이야기하라고 요구할 것이다.	
27	**나는 칭찬을 받으면 무슨 말을 해야 할지 모를 때가 있다.**	
28	줄을 서 있는데 누군가가 새치기를 한다면 나는 그 사람과 다툴 것이다.	
29	나의 의견을 즉각적으로 표현한다.	
30	**가끔 무슨 말을 해야 할지 모를 때가 있다.**	

참고문헌

1. 간호이론과 실제에서의 의사소통론, 개정증보 | 이소우, 임숙빈(대한간호협회, 1998)
2. 내 안의 접혀진 날개 | 리처드 로어 저, 이화숙 옮김(바오로딸, 1993)
3. 내적 여정 | 한국에니어그램 연구소(한국 에니어그램 연구소, 2002)
4. 사람을 알 수 있는 9가지 방법 | R. 르네. L. 와겔리 저, 최연실 옮김(1997)
5. 에니어그램의 지혜 | 돈리처드 리소, 러스 허드슨 저, 주혜명 옮김(한문화, 2000)
6. 인간관계론 실습 | 이미형(현문사, 2002)
7. 인간관계와 의사소통 | 이경순 외(현문사, 2006)
8. 의사소통과 인간관계론 | 한금선 외(고문사, 2008)
9. 의사소통 방법론 | 김영애(김영애 가족치료연구소, 2008)
10. 자신 있게 자기를 표현하는 의사소통과 간호 | 이광자(신광출판사, 1999)
11. 잠재력 개발을 위한 인성교육 | 경인여대 학생생활연구소(경인여대 학생생활연구소, 2000)
12. 정신간호총론, 제5판 | 이광자 외(수문사, 2006)
13. 정신건강간호학(상), 제3판 | 이경순 외(현문사, 2007)
14. 커뮤니케이션 실습지침서 | 김후자(수문사, 2004)
15. 한국의 의료커뮤니케이션, 이대로 좋은가? | 대한의료커뮤니케이션학회 창립준비위원회 (2006)

저/자/소/개

주혜주

- 서울대학교 간호대학 졸업
- 서울대학교 간호대학 정신간호학 박사
- 서울대학교병원 성인 및 소아 정신과병동 수간호사

* 현재, 경인여자대학 간호과 정신간호학 부교수
* 관심 분야 : 정신간호학, 관계와 소통, 결혼 및 부부 교육, 자녀 교육, 가족 상담

김수미

- 서울대학교 간호대학 졸업
- 서울대학교 간호대학원 정신간호학 석사 수료
- 서울대학교 병원 소아흉부외과, 소아정신과 간호사
- 치료레크리에이션 전문가

* 현재, 경인여자대학 간호과 강사, 서울대학교 정신간호학 임상강사
* 활동 분야 : 에니어그램, 아동과 가족의 상담 및 놀이치료, 의사소통훈련, 사회기술훈련, 치료레크리에이션, 지역사회 정신간호

안진희

- 가톨릭 간호대학 졸업
- 서울대학교 간호대학원 정신간호학 석사 수료
- 가톨릭대학교 성모병원 정신과 병동 및 정신과 외래 간호사
- 아봐타 마스터
- oneness university in INDIA trainer

* 현재, E-Nclex 정신간호학 강사, 딕샤 명상 훈련가
* 활동 분야 : 에니어그램, 비폭력대화, 명상 프로그램, 아봐타

체험과 성찰을 통한

의사소통 워크북

2010년 8월 20일 초판 인쇄
2010년 8월 30일 초판 발행

저자 주혜주 · 김수미 · 안진희
발행자 김시동
발행처 정문각

서울특별시 마포구 대흥동 210-1호 봉화빌딩
TEL 713-0421~3 / FAX 704-6265
전자우편 jungmunk@unitel.co.kr
홈페이지 www.jungmunkag.co.kr
등록일 1990년 10월 25일 / 등록번호 9-246호

정가 14,000원
ISBN 978-89-7742-450-0 93510